독립은
잘 의지하는
거예요

독립은
잘 의지하는
거예요

진예지 지음

팜파스

어른은 기댈 곳을 안다

의존적인 사람은 최악이라고 생각했다. 아주 어렸을 때부터 그랬다. 맞벌이 가정에서 외동딸로 태어난 나는 혼자 있는 시간이 많았다. 좋든 싫든 혼자 있는 시간을 잘 보내야 했고, 크게 어리광을 부리지 않는 아이로 자랐다. 초등학생 때는 혼자 병원에서 쓰러졌는데 가족들에게 아무 내색을 하지 않았다. 학교 준비물을 사달라고 하기 어려워 말을 안 하고 있다가 부모님께 혼이 난 적도 있었다.

이런 아이였으니 어른이 된 후에는 오죽했을까. 어른이란 단연코 독립적인 사람이라고 믿었다. 이제 나의 앞가림을 해야 한다고, 그렇지 못하면 끝장이라고 생각했다. 혼자서도 잘하는 사람, 혼자서도 잘 사는 사람이 되고 싶었고 그게 강한 사람이라고 믿었다.

하지만 나는 그런 사람이 되는 데 결국 실패했다. 아니, 그런 사람이 되기를 포기했다. 왜냐하면 어디에도 기대면 안 된다고 고집을 부릴수록 점점 더 약해지는 나를 발견했기 때문이다. 일을 할 때는 모르는 것도 혼자 해결하려 하니 시간이 지체됐다. 친한 친구들에게조차 고민을 털어놓지 않자 작은 어려움에도 무너져버렸다.

더 어처구니없는 것은 그렇게 혼자 괜찮은 척, 완벽한 척해왔어도 남들에게는 다 티가 났다는 점이다. 뒤늦게 친구들에게 고민을 털어놓으면 안 그래도 그때 힘들어 보였다고 나를 위로했다. 내 선에서 완벽하게 끝내놓은 일도 다른 동료가 보면 보완할 점이 보였다. 내가 완벽하지 않다는 것, 완벽할 수 없다는 것을 인정하고 타인의 도움을 받을 때 나는 더 완전해졌다. 지금까지 내 삶의 방식에 의문을 품기 시작했다. 혼자를 고집하는 사람, 다른 어떤 도움도 거부하는 사람은 강한 사람이 아니라 오히려 약한 사람은 아닐까?

《딘딘한 삶》의 지자 야스토미 아유미는 '자립'이란 가능힌 많은 사람에게 의존하는 것이라고 말한다. 오랜 시간 동안 더 적게 의존하는 것, 그래서 혼자 할 수 있는 게 늘어나는 게 자립이라 생각했기에 처음 이 책을보며 의아했다. 하지만 그는 의존할 수 있는 대상이 적어질수록 그 대상에 대한 의존도가 커진다고 설명한다. 친구가 열 명일 때보다 한 명일 때 그 한 명에게 더 집착하게 되는 것처럼 말이다. 그렇기에 '자립'이란 의존할 수 있는 대상을 많이 늘리는 것이고, 그럴수록 오히려 단단한 삶을 살 수 있다고 조언한다.

생각해보니 의지할 수 있는 대상이 늘어날수록 더 단단해지는 건 비단 인간관계에 국한된 말이 아니었다. 인지하지 못했을 뿐 이미 나는 주어진 환경에, 일과 돈에, 취미생활과 인간관계, 그리고 소중하게 여기는 가치들에 크게 의지하여 살아가고 있었다. 오히려 중요한 건 의지하는가 의지하지 않는가가 아니라 '무엇에 의지하는가', 그리고 '어떻게 의지하는가'였던 것이다.

나는 내가 의지하고 있는 것들이 내가 원하던 것인지, 그리고 적절한 방식으로 의지하고 있는지 새로운 질문을 던지기 시작했다. 이미 의지하고 있는 것 중 원치 않는 것들은 멀리했고, 기꺼이 의지하고 싶은 것들은 새로 만들었다. 홀로 서야 한다고, 더 강해져야 한다고 힘주고 있던 몸의 긴장을 풀고 하나씩 기댈 것들을 선택할수록 내 일상이 마음에 들었다. 앞으로 다가올 인생의 파도가 두렵지 않았다.

결국 어른은 어디에도 기대지 않는 사람이 아니라, 자신이 기댈 곳을 아는 사람이다. 어떤 것에 기대는 게 좋을지, 얼마나 기대는 게 좋을지 선택할 힘이 있는 사람이다. 어른은 기대면 안 된다고, 홀로 서야 한다고 다그칠수록 지금 자신이 관계를 맺고 있는 다양한 대상들을 보지 못한다. 지금 이 순간에도 나에게 힘을 주는 사람들과 환경에 감사할 줄도 모른다. 이 책에서는 내가 원하는 일상에 가까워지기 위해 무엇에, 어떻게 기대고 있는지를 담았다. 당신이 원하는 인생을 만들어가는 과정에서 이 책에 잠깐이라도 의지할 수 있다면 그것만으로 족할 것이다.

Contents

열정보다는 할 일에 기댈게요

사부작사부작 하다 보니 반짝이는 게 생겼어

쓸모보다는 즐거움에 기댈게요

일단 살고 싶어야 버틸 거 아니겠어요?

노력보다는 믿음에 기댈게요

4부

이만큼 노력했으면 뻔뻔해지는 건 어떨까?

5부 이득보다는 의미에 기댈게요

이득은 몸을, 의미는 마음을 채운다

어제보다 오늘 더 나아졌다는 확신이 없을 때

인간은 무기력해진다.

나를 더 잘 챙기고 싶다고,

덜 게으른 사람이 되고 싶다고 마음먹기를 101번째.

나는 이제 원하는 삶을 만들기 위해 의지보다는

환경에 기대보기로 했다.

1부

의지보다는 환경에 기댈게요

결심만 하지 말고 변화를 줘볼까?

작심삼초 인간의 의지력

스물일곱을 여는 2월, 나는 독립을 했다. 빠르다면 빠르고, 느리다면 느린 나이였다. 자취를 시작한다고 말하면 사람들은 항상 "왜?" 하며 이유를 물었다. 땅값이 비싼 대한민국에서 자신만의 공간을 마련한다면 응당 그에 맞는 이유가 있을 것이기 때문이다. 예를 들어 직장과 본가가 너무 멀다든가, 결혼을 한다 같은 이유 말이다.

애석하게도 내겐 그런 쉽고 명쾌한 이유가 없었다. 프리랜서로 일하기 때문에 사는 지역은 크게 중요하지 않았고, 결혼은 멀고 먼 이야기였다. 오히려 밖에 나와서 살아야 할 이유보다는 본가에서 적당히 부모님의 품에 묻어 살아야 할 이유들이 훨씬 많았다. 그래서 독립의 이유를 묻는 질문들에 멋쩍게 "혼자 살아보고 싶어서요" 하고 대답할 뿐이었다.

하지만 남들에게 명쾌한 대답은 못할지라도 나에게는 나만의 공간이 필요한 분명한 이유가 있었다. 그건 바로 본가에서 사는 게 너무나 편안했기 때문이다. 이게 무슨 말도 안 되는 소리냐 싶지만 정말 그랬다. 부모님은 감사하게도 제멋대로 인생을 살아가는 나에게 안전한 보금자리와 먹거리를 제공해주셨다. 그래서 하고 싶은 일을 하면서도 큰 비용을 들이지 않고도 따뜻한 방에서 잠을 자고, 하루 치의 비타민을 제공하는 과일을 먹었다. 집은 따로 신경 쓰지 않아도 깨끗했고, 나는 큰 부담 없이 그날의 기분에 따라 하루를 보낼 수 있었다. 이것은 분명 축복이었다.

그러나 문제는 내가 도무지 욕심을 부리지 않는 '안분지족' 형 사람이라는 것이다. 말하자면 나는 작심삼초 인간이다. 독한 면이 없다고 할까? 무언가를 이루려고 목표를 정해도 힘들거나 고되면 쉽게 포기해버리고 만다. 이게 아니면 저걸 하면 되고, 저게 아니면 그걸 하면 되지. 굳이 고통을 겪으면서까지 목표를 이뤄야 하는지 의구심이 든다. 지금 이대로도 크게 나쁘지 않기 때문이다.

하지만 그러면서도 마음 한구석에서는 외면할 수 없는 불안감이 조금씩 조금씩 자라기 시작했다. 정말 이대로 괜찮은 걸까? 본가에서의 적당한 윤택함은 시간이 갈수록 나를 조금씩 불편하게 만들었다. 아니, 조금씩 그러나 분명하게 이 윤택함이 두려워지기 시작했다.

사실 살면서 가장 위험한 것 중 하나는 '적당한 만족감'이라고 생각한다. 만약 내 삶이 저 바닥에서 몸부림치고 있다면 그 상황은 나에게 끔찍한 고통을 줄 것이다. 그 고통은 분명 지독하겠지만, 동시에 나에게 그곳에서 벗어나야 할 명분이 된다. 하지만 적당한 만족감은 다르다. 적당한 행복, 적당한 기쁨, 적당한 윤택함은 사람을 방심하게 만든다. 그리고 그것이 내가 원하는 100퍼센트의 삶이 아닐지라도 그 자리에서 적당히 만족하며 삶을 유지하게 만든다.

본가에서의 삶이 그랬다. 크게 나쁠 것도, 좋을 것도 없이 적당히 만족스러운 일상이었다. 부모님이 만들어놓은 공간, 부모님이 만들어놓은 규칙, 부모님이 만들어놓은 음식에 적당히 기대 사는 것은 편했다. 이대로 살면 지금껏 살아왔던 수준으로는 계속 살 수 있을 것 같았다.

하지만 지금의 삶이 내가 원하는 100퍼센트의 모습은 분명 아니었다. 나는 더 성공하고 싶었고, 더 행복하고 싶었다. 더 여유롭고 싶었고, 더 건강하길 바랐다. 그러나 적당히 만족스러운 본가에서의 일상 속에서 나는 좀처럼 움직이지 않았다. 쉽게 포기하고, 쉽게 만족했다. 똑같이 걷고 있는데도 뒤로 가는 에스컬레이터를 탄 것처럼, 나는 그 조용한 평화 속에서 조금씩 침체된다는 느낌을 피할 수 없었다.

작은 것에 만족하는 것도, 일상에서 편안한 행복을 추구하는 것도 무엇 하나 잘못된 것이 없다. 그러나 그 편안함과 만족감이 조금씩 나를 밑으로 끌어당기는 추처럼 느껴진다면 그건 바로 인생의 새로운 챕터를 시작할 때가 되었다는 신호는 아닐까? 내가 누리는 안정감과 행복감이 나를 더 나은 사람으로 만들고 있는가? 나의 첫 번째 독립은 그 질문에서 시작되었다.

변화는 환경에서 시작된다

《최고의 변화는 어디서 시작되는가》의 저자 벤저민 하디는 인간이 성장하기 위해서는 적절한 환경을 구축하는 게 중요하다고 강조한다. 불우한 가정환경에서 태어나 아르바이트를 전전하고 게임에 빠져 살았던 그는 고향을 떠나 새로운 환경에 가서야 그토록 버리고 싶었던 기존의 태도와 습관들로부터 벗어날 수 있었다. 그는 그때의 경험을 통해 변화에는 '의지'가 아닌 '환경'이 중요하다고 확신할 수 있었고, 이후로 목표를 이루기 위한 환경을 구축하는 데 전력을 다했다.

재미있었던 점은 저자가 강조한 환경이 꼭 내가 원하는 쾌적하고 편안한 환경만은 아닐 수 있다는 것이었다. 그는 아이들을 입양하고, 그들을 책임져야 하는 가장이 된 것이 자신을 작가로써 성공하게 만들었다고 말한다. 긍정적 스트레스를 주는 환경, 나에게 더 성장을 요구하는 환경에서 인간은 더욱 발전하기 때문이다.

이 책에 따르면 현재의 나는 과거에 나를 둘러싼 환경의 결과물이다. 그리고 지금 나를 둘러싼 환경이 미래의 나를 만들어낼 것이었다. 책을 다 읽고 '나는 이 환경 속에서 어떤 사람이 될까?'를 질문하기 시작했다. 부모님과 함께하던 본가는 편안하고 안락한 환경이었지만, 이곳에서 자랄 수 있는 만큼은 다 자랐다는 생각이 들었다.

다소 진창에 빠지더라도 내가 만들어낸 공간과 규칙, 음식과 일상은 어떨지 궁금해졌다. 조금 더 절박하고 새로운 환경에서는 내가 어떻게 움직일지 기대됐다. 왠지 그곳에서의 나는 뭐든지 더 잘할 수 있을 것 같았다. 독립생활에 대한 나의 욕구는 천천히 확신으로 변해갔다. 잠이 오지 않는 밤마다 각종 부동산 앱과 네이버 카페를 뒤지며 집을 찾아보았다.

집을 알아보는 과정은 좌절의 연속이었다. 모두가 아는 사실이지만 대한민국의 집값은 상당히 비싸기 때문이다. 월세는 마법 같은 힘을 가지고 있어서, 얼핏 살펴보는 것만으로도 끓어오르는 독립의 욕구를 잠재우는 효과가 있었다. 아무리 독립하고 싶다 하더라도 현실을 무시할 수는 없었다. 딱 보아도 귀갓길이 불안해 보이는 집에서, 마음을 어지럽히는 꽃무늬 벽지를 견디며 주거비만으로 수십만 원을 지출할 여력이 나에겐 없었다. '새로운 공간에서의 새로운 나?' 분명 매력적인 시도였지만 수십만 원을 내면서는 아니었다. 그래서 기다리고 기다렸다. 나에게 딱 맞는 선택지가 등장할 때까지.

내가 기댈 만한 유일한 선택지는 국가에서 운영하는 임대주택인 행복주택이었다. 행복주택은 국가에서 청년, 신혼부부, 노인 등의 취약계층을 대상으로 저렴한 가격에 임대해주는 아파트다. 시중의 다른 아파트와 비교해 월등히 저렴한 보증금과 월세로 거주할 수 있으며, 최대 6년까지 거주할 수 있기 때문에 이사의 번거로움 역시 적었다. 유일한 단점이라면 경쟁률이 높아 오직 당첨된 사람만 입주할 수 있다는 점과 행복주택의 건설 상황에 맞춰야 하기 때문에 바로 입주가 어렵다는 점이었다.

경쟁을 싫어하는 나는 당시 거주하던 지역 근처의 행복주택 두 군데에 입주 신청을 했다. 일단 거주지로 가산점을 받을 수 있고, 서울이 아니기 때문에 비교적 경쟁이 덜할 것이라고 예상했다. 사실 신청하면서 큰 기대는 하지 않았다. 한 번에 공공임대주택에 당첨되기는 어렵다는 얘기를 많이 들었고, 나 역시 '어떻게 하는 건지나 알아두자'는 마음이었다. 경쟁을 피한 전략이 통해서일까? 그로부터 약 3개월 뒤, 나는 LH 입주자로 선정되었다는 문자를 받았다.

오랫동안 쾌적한 집에 살며 좋아하는 일을 하는 걸 꿈꿔왔지만 그 길은 멀고 험난해 보였다. 대개 좋아하는 일은 돈이 되지 않고, 좋아하는 일을 하면 할수록 좋은 집에서 사는 삶과는 멀어지는 것처럼 보였기 때문이다. 하지만 꼭 정석대로, 남들이 하는 대로만 정답이라고 고집하지 않으면 충분히 내가 만족할 수 있는 선택지를 발견할 수 있었다.

누군가는 '집을 산 것도 아니잖아', '서울도 아니잖아'라며 비웃을 수 있다. 하지만 중요한 건 지금 내 상황에서 포기할 수 있는 건 무엇인지를 알고, 꼭 챙겨야 할 것을 가져가는 것이다. 그렇게 내가 내디딘 한걸음에 박수를 치다 보면, 자신도 모르는 사이에 꿈꾸던 환경에 성큼 가까워진 자신을 발견하게 된다.

주거비 계산하기

본가에 있다가 주거 독립을 하면 월세뿐만 아니라 다양한 비용이 추가적으로 지출된다. 독립함으로써 지출이 얼마나 늘어날지 가늠하기 위해서는 단순 월세뿐만 아니라 관리비, 대출이자, 상·하수도 요금 등 그전에는 생각지 못했던 비용들을 종합적으로 고려해야 한다. 이렇게 여러 가지 비용과 함께 주거비를 생각해보면 여러 집 중에서 어떤 집이 더 경제적으로 나은지도 비교하기 쉽다. 어떤 집은 월세는 저렴하지만 관리비가 비쌀 수도 있고, 어떤 집은 월세와 관리비는 저렴하지만 직장에서 멀어 추가 교통비가 들 수도 있다. 여러 집 중에서 고민이 된다면, 이와 같은 비용을 함께 계산하여 비교해보면 선택에 도움이 된다.

〈예시〉		
	월세	400,000원
	보증금 대출이자	-
	관리비	50,000원
	상·하수도 요금	-
	전기요금	-
	가스요금	-
	인터넷	20,000원
	교통비	-
	추가 식비	200,000원
	생활 소모품비	30,000원
	합계	700,000원

비워야 채워진다

본격적인 이사 준비가 시작되었다. 사실 이사 준비라고 할 게 특별히 있나 싶었지만, 이사를 준비하면서 그동안 관심 있었던 미니멀리즘을 실행해보고 싶었다. 이사하기 한 달 전부터 책장과 옷 등으로 분야를 정해 하나씩 버릴 것과 남길 것을 정리했다. 첫 번째 타자는 책이었다. 가장 큰 공간을 차지하던 물품이었고, 비우면 비울수록 변화가 빨리 보이는 품목이었기 때문이다.

내 방은 벽 한 면이 책장으로 채워져 있었는데, 무리하지 않고 한 칸씩 책을 없애는 것을 목표로 했다. 지금껏 책장을 보며 답답하다고 느꼈던 적은 없었는데, 한 칸씩 책장이 비워지는

걸 보니 오히려 '이제야 책장이 숨을 쉴 수 있겠구나' 하는 생각
이 들었다. 빈틈없이 꽉꽉 채워진 채로 사는 건 누구에게나 힘
든 일이다.

　두 번째 타자는 옷이었다. 옷이 걸려 있는 행거를 보면 항
상 마음에 들지 않았다. 내 옷인데 내가 편한 옷은 없고 남들이
보기에 예쁜 옷만 가득했다. 예쁘게 보이는 것도 중요하지만
일단은 내가 편해야 하지 않을까? 편하게 손이 가는 옷과 그렇
지 않은 옷을 기준으로 옷을 정리했다. 그중에는 정말 버리기
아까운 옷들도 많았다. 하지만 입고 나와 옷매무새를 계속 신
경 쓰던 내 모습이 생각나 눈을 딱 감고 정리했다. 그때 버린 것
은 옷이 아니라 타인을 과도하게 신경 쓰는 나 자신이었다.

　마지막 타자는 소품이었다. 학창 시절부터 자질구레하게
모아놓은 장식품들, 편지와 기념품, 화장품과 샘플 등 정리해
야 할 소품은 무궁무진했다. 소품을 정리하는 과정에서 대학
오리엔테이션 때 받았던 롤링 페이퍼를 발견하기도 했다. 대
학교 오리엔테이션 때 처음으로 술을 너무 많이 마셔서 인사
불성이 되었다. 그래서 롤링 페이퍼 같은 걸 했는지도 기억이
없었고, 그때 받았던 롤링 페이퍼를 졸업하고 수년이 지난 지
금 처음 발견한 것이다. 공간을 정리하는 일은 과거를 발견하

는 일이기도 하다.

　물건을 정리하는 건 생각보다 쉽지 않았다. 분명 쓰지 않는
걸 알면서도 그걸 쓰레기통에 넣는 건 힘들었다. 선뜻 버리기
어려운 물건들은 바로 버리지 않고 방 한편에 두고 충분히 생
각할 시간을 가졌다. 그러면 대부분의 물건은 역시 버리는 게
좋다는 결론이 났다. 그렇게 한 달쯤 정리하니 십여 년 동안의
추억과 미련으로 가득 차 있던 방이 썰렁한, 그러나 새로운 시
작을 기다리는 모습으로 바뀌었다. 나 역시 새로운 공간과 일
상을 채워나갈 준비가 됐다.

　그렇게 많은 물건을 버리면서 비우고자 했던 것은 무엇이
었을까? 사랑받고 싶은 마음, 어쩔 수 없이 눈치를 보는 습관,
어떻게 자라야 할지 몰라 수없이 주춤댔던 학창 시절의 내가
그 방에 가득 담겨 있었다. 사실 미숙하고 서툴렀던 내 모습은
나의 일부이기에 물건을 조금 버린다고 해서 없어지는 것은 아
니다. 다만 그렇게 하나씩, 하나씩 기억이 담긴 물건들을 정리
하면서 나는 그렇게 행동할 수밖에 없었던 어린 나 자신을 용
서할 수 있었다. 쩔쩔매고 능숙하지 못한 내가 그때는 미치도
록 미웠는데, 지금의 나는 그런 나를 애틋하게 바라볼 수 있다

는 걸 알게 되었다.

새로운 내가 된다는 것은 과거의 나를 미워하거나 전부 갖다 버리는 게 아니다. 그저 좋든 싫든 그 시간이 끝났다는 걸 인정하고 매듭짓는 일, 그리고 새로운 모습의 나를 두근거리며 기다리는 일이다. 몇 년째 계속되는 미니멀리즘 열풍은 우리 안에 새롭게 바라봐주어야 할 것, 매듭지어 줄 것들이 많이 남아 있음을 알려주는 것일지도 모르겠다.

곤도 마리에 : 설레지 않으면 버려라

이사 준비를 할 때 넷플릭스에서 <곤도 마리에 : 설레지 않으면 버려라> 시리즈를 보며 정리하니 짐 정리에 박차를 가할 수 있었다. 이 시리즈는 정리 전문가 곤도 마리에가 집 정리에 어려움을 겪는 미국 가정들을 방문해 조언해주는 리얼리티 TV 쇼다. 곤도 마리에의 정리 철학은 그 물건을 쥐었을 때 설레는 마음이 들지 않으면 버리라는 것인데, 버려야 할지 말아야 할지 고민이 될 때 은근히 도움이 된다.

각자의 집으로

시간은 빠르게 흘러 새 집에 입주하기로 한 2월이 되었다. 집이 많지 않았기에 아버지의 차로 이사를 했다. 부모님과 나는 숙련된 이삿짐센터 직원들처럼 말도 없이 새로운 집을 쓸고 닦고 집을 풀었다. 옷들을 정렬하고, 가전 기기의 코드를 꼽았으며, 식기는 씻어놓았다. 잡동사니를 넣어둔 상자는 예쁜 천으로 덮었고, 베란다에 빨래 건조대와 음식물 쓰레기통도 가지런히 놓았다.

마침내 어제도 사람이 살았던 것처럼 집이 집다워졌다. 인스타그램에 나오는 것처럼 감성 넘치는 집은 아니었지만, 흰 벽지와 노란 책장은 마음을 따스하게 해주었다. 난데없이 커다랗게 자리한 빨간 밥통도, 조용히 김을 내뿜고 있는 가습기도 좋았다. 완전한 내 공간이었다.

할 일을 마치고 머쓱해진 부모님은 얼마 안 있어 그들의 집으로 돌아가셨다. 주차장까지 내려가 부모님을 배웅하는데 마음이 이상했다. 지금껏 쭉 같은 곳으로 돌아가는 게 당연했는데 이제 부모님은 부모님의 집으로, 나는 나의 집으로 돌아가는구나. 멋쩍게 한 번씩 포옹을 한 후, 부모님을 태운 차량은 홀연히 떠났다. 그렇게 돌아가는 길에 엄마가 난데없이 눈물을 흘렸다는 것은 나중에야 알게 된 사실이었다.

이십 대의 중·후반을 지나며 나는 이제 정말 어른이 되었다고 생각했다. 그러나 이사를 준비하면서 나는 처음 해보는 것들이 얼마나 많은지 새롭게 깨닫게 되었다. 무리 없이 보증금을 준비하기, 계약 사항을 정확히 확인하기, 입주 청소를 하고 크고 작은 살림살이를 준비하기까지 부모님의 도움을 받지 않은 것이 없었다. 이제 나는 어른이라고, 그러니 내 일에 간섭하지 말라고 내심 짜증을 부렸던 과거의 내가 부끄러웠다.

부모님을 배웅하고 돌아오는 길, 집 앞의 편의점에서 맥주한 캔을 사 들고 들어왔다. 아직도 내 집 같지 않은 어색한 공간에서 맥주를 홀짝이며 생각했다. '도대체 내가 무슨 짓을 한 거지?' 어쩌다 나는 친구도, 가족도, 직장도 없는 이곳에서 홀로 맥주를 마시고 있을까. 독립을 하겠다고 몇 개월간 난리를 친 것과는 달리 막상 혼자 남겨지자 춥고 외로운 느낌이 들었다.

철저하게 혼자가 된 집 안에서 나는 오늘이 제일 힘든 날이라고, 뭐든 처음이 제일 힘든 거니까 앞으로 좋아질 일만 남았다고 스스로를 다독였다. 이제 나를 다독이는 일은 온전히 내 몫이었다.

새로운 환경에 적응하는 일은 항상 설레고 신나지만은 않다. 익숙한 것과 이별하고, 불안한 자신을 마주해야 한다. 하지만 내가 나를 달래줄 수만 있다면 그걸로 충분하다. 변화는 무섭고 나는 꽤 고생을 하겠지만, 금세 또 내일의 나는 길을 찾아낼 것이다. 집에서 가져온 알록달록 촌스러운 이불을 부여잡고 나는 이 밤이 어서 지나가기를 기다렸다.

가족들의 지원

가족들로부터 받는 경제적 지원은 때로 너무 당연하게 느껴져 잊기 쉽다. 하지만 얼렁뚱땅 넘어가기 쉬운 가족들의 지원이 없었다면 고스란히 내가 비용으로 지출해야 할 부분들이다. 때문에 가계부를 정리할 때 수입의 일환으로 부모님의 경제적 지원을 정리해두면 내가 이런 부분은 이렇게 도움받고 있다는 것을 잊지 않고, 추후에 갚거나 감사함을 표할 수 있다. 예를 들어 부모님이 일정한 기간 동안 통신비나 보험료를 대신 납입해주었다면, 지출 내역에는 그대로 보험료를 적어두고 수입 내역에 '부모님 보험 지원' 같은 항목으로 기록해두는 것이다.

새집에서의 첫날

새로운 집에서의 아침이 밝았다. 새집에 적응하고 말 것도 없이 할 일들이 밀려오기 시작했다. 이사를 하고 나온 쓰레기도 버려야 했고, 몇 가지 부족한 물품들도 사야 했다. 이제 나에게는 하나의 공간을 관리할 권리와 책임이 생겼다. 그리고 그 권리와 책임은 초보 자취생에게는 어쩐지 어깨를 으쓱하게 만드는 기분 좋은 떨림이었다.

사실 나는 집안일에 대한 일종의 환상을 갖고 있었다. 햇볕이 비추는 작은 방을 깨끗이 쓸고 닦는다. 초록색 아스파라거스와 빨간색 토마토가 돋보이는 건강한 요리를 만들고, 하늘이 맑은 날 갓 세탁한 빨래를 탁탁 털어 건조대에 넌다. 나에게 집안일이란 리빙 매거진에 나올 것 같은 상큼발랄한 무엇이었다.

하지만 그 환상은 며칠 만에 깨져버렸다. 나는 슬슬 집을 정돈된 상태로 만드는 일에 지치고 있었다. 베란다를 정리하고 나면 화장실이, 화장실을 정리하고 나면 부엌에 할 일이 생겼다. 본가에 있을 때는 밥 먹고 설거지만 하면 되었다. 일주일에 청소 한 번 돕고도 꽤나 집안일을 많이 돕는다고 생각했었다. 하지만 내 공간을 갖고 나서야 나는 그것이 집안일이라는 빙산의 일각이었음을 깨닫게 되었다.

설거지 하나만 해도 식재료를 준비하는 과정에서 한 번, 요리하는 과정에서 두 번, 먹고 치우는 과정에서 세 번 각종 그릇들이 더러워진다. 그렇게 한 차례 음식을 차리고, 치우고 나면 얼마 안 돼 다음 식사할 시간이 되거나 다음 날 먹을 쌀을 씻어야 한다. 방을 닦고 나면 빨아야 할 걸레가 나오고, 걸레를 빨고 나면 지저분한 베란다 바닥이 보인다. 그렇게 저녁 시간 전부를 집안일에 쏟고 나면, 집안은 깨끗해졌지만 그 안의 나는 너덜너덜 녹초가 되어 있었다.

그제야 나는 왜 집안일을 일이라고 부르는지 알게 되었다. 그리고 인간은 왜 꼭 하루 세 끼를 먹어야 하는지 의문을 갖기 시작했고, 어째서 드라마 <엄마가 뿔났다>에서 엄마 역할의

김혜자 씨가 밥을 하기 싫어 집을 나갔는지 비로소 이해할 수 있게 되었다. 집안일의 어려운 점은 그 강도나 난이도에 있지 않았다. 그보다는 끝이 없다는 점, 아무리 해도 내일이면 또다시 시작된다는 특성이 집안일이라는 지옥의 무시무시한 점이었다.

어쩌면 정말 대단한 사람은 무언가 큰일을 해내는 사람, 엄청난 일을 단번에 쟁취해내는 사람보다도 매일의 쉽지 않은 태스크를 잘 다루는 사람인지도 모른다. 사람을 마지막에 무너뜨리는 것은 한 번의 큰 펀치보다는 쌓이고 쌓인 작은 잽이기 때문이다. 그런 의미에서 집안일은 편안함과 게으름에 익숙해져 있던 내게 쉼 없이 잽을 날려왔다. 이쪽저쪽에서 날아오는 잽들에 속수무책으로 맞고 있는 나. 언젠가는 복싱 고수들처럼 자연스럽게 그 잽들을 피하고, 더해서 한 방의 큰 펀치까지 날릴 수 있을까?

집안일 트레이닝

✤

집안일에 나쁜 점만 있는 것은 아니었다. 집안일 지옥에 빠지긴 했지만, 사실 그 지옥은 내게 필요한 지옥이었다. 아쉽게도 나는 환상 속 모습처럼 즐겁게 요리를 준비하고 청소를 즐기는 타입은 아니었지만, 필요하다면 귀찮아도 해낼 수 있는 사람이었다. 귀찮아하며 청소를 하고, 설거지를 하고, 쓰레기를 버렸다. 그리고 투덜거리며 집안일을 하더라도 끝내고 나면 분명 기분이 상쾌해졌다.

처음으로 막힌 하수구를 뚫거나, 선풍기를 분해해 청소한 날에는 새롭게 발견한 내 능력에 어깨가 으쓱하기도 했다. 며칠만 지나도 금세 쌓여버리는 집안일은 가만히 누워 있고 싶어

하는 나를 자꾸 일으켜 세웠다. 그리고 먼지요정의 명령에 따라 세탁기를 돌리고, 주방을 치우고, 바닥을 닦으면 어김없이 내 마음도 정돈되는 것이었다. 이를테면 집안일은 나를 '안티프래질(Anti-fragile)'하게 만들어주는 존재였다.

'안티프래질'이란 깨지기 쉽다는 '프래질'의 반대말이다. 유리잔 같은 물품들은 작은 충격에도 쉽게 깨져버려, 그런 물품이 담긴 택배에는 프레질 스티커를 붙인다. 그렇다면 '안티프래질'이란 무엇일까? 처음 이 개념을 소개한《안티프래질》의 저자 나심 니콜라스 탈레브는 단순히 단단해서 충격에도 잘 깨지지 않는 속성이 안티프래질은 아니라고 이야기한다.

오히려 '안티프래질'은 괴롭힐수록 크게 성장해나가는 아침드라마 속 주인공들처럼 충격을 가할수록 강해지는 속성이다. 그리고 저자는 앞을 예측할 수 없는 변화무쌍한 오늘날에는 충격과 변화를 겪을수록 강해지는 '안티프래질'함을 갖추어야 한다고 말한다.

드라마 속 주인공처럼 물 싸대기를 맞거나 하루가 멀다 하게 어처구니없는 일을 겪지는 않지만, 독립을 하고 밀려오는 집안일은 분명 나를 안티프레질하게 만들어준 촉매제였다. '해야 되는데, 해야 되는데'를 되뇌며 집안일을 미루다가도 막상 마음을 먹고 세탁기를 돌리기 시작하면 나의 모드는 달라진다. 환기를 시키고, 팔을 걷어붙이고 앞치마를 매면 그 뒤로는 척척 필요한 일을 해낸다.

온갖 인상을 쓰고 화장실 청소를 하고, 음식물 쓰레기까지 버리고 나면 뿌듯하고 강인한 기운이 솟아오른다. 깨끗해진 공간을 보면 소란스러웠던 생각도 잠잠해진다. 그리고 반복해서 더러워지는 공간을 다시, 또다시 치웠던 것처럼 답답하거나 혼란스러운 하루도 다시, 또다시 살아낼 용기를 얻는 것이다.

나름의 노하우도 생겼다. 예를 들어 집에 들어와서는 옷을 갈아입지 않고 앞치마부터 맨다. 편한 옷으로 갈아입는 순간 나는 바닥과 한 몸이 되고 휴식 모드로 전환한 나는 도저히 저녁 준비를 시작할 수 없기 때문이다. 대신 아직 일하는 모드가 꺼지지 않은 상태에서 바로 집안일을 시작하면 너무 힘들이지 않고 필요한 일을 할 수 있다.

또한 집안일에도 관성이 있어 일단 세탁기를 작동시키고 나면 나머지 일들도 함께하게 된다는 점, '해야 되는데, 해야 되는데'의 감옥을 깨고 막상 그 일을 해버리면 생각보다 시간이 적게 걸린다는 깨달음도 얻었다. 지금의 부엌 한편에는 '설거지는 빨리할수록 인생이 편해진다'는 메모를 붙여놓고, 자꾸만 주저앉으려는 나를 다독인다.

사실 치워도 금세 어지러워지고, 또 치워도 금세 더러워지는 방 한 칸은 여전히 나를 자주 좌절하게 만든다. 그 많은 노동력을 들여 얻은 결과가 보통의 우리 집이라는 게 허탈하기 그지없다. 끊임없이 청소를 반복하고 있자니 '엔트로피 증가의 법칙'이란 물리 법칙이 떠오른다.

이 법칙에 따르면 무질서를 뜻하는 엔트로피는 시간이 지남에 따라 증가한다. 처음에는 깔끔했던 책상 위가 어질러지는 것, 컵에 담긴 얼음물이 미지근한 물이 되는 것도 엔트로피가 증가했다고 볼 수 있다. 그리고 고립된 상태에서 엔트로피가 시간에 따라 감소하는 일, 즉 책상이 저절로 깨끗해지거나 미지근한 물이 다시 얼음물이 되는 일은 없다. 엔트로피를 줄이기 위해서는 오직 일이라는 대가를 치러야 한다(네이버 지식백과 참고).

'그래서 청소를 해도 해도 끝나지 않는 거였구나.' 집안일의 고단함을 물리 법칙으로 이해해본다. 엔트로피가 증가하는 것은 당연한 것이거늘, 인간은 그것을 되돌리고 또 되돌리며 살고 있구나. 갑자기 인생에 대해 생각해보기도 한다. 증가

하는 엔트로피를 감소시키고, 또 감소시키며 사는 게 삶이라면 겉으로 보기에는 제자리에 있는 사람도 제자리는 아니지 않을까? 누군가의 눈에는 머물러 있는 것처럼 보여도, 사실 많은 사건을 통과했을지 모른다.

살다 보면 몇 번이고 같은 실수를 반복하는 자신을 보며, 또 새로운 곳으로 나아가지 못하는 자신을 보며 허탈할 때가 있다. 하지만 같은 자리에 머물러 있더라도, 이곳에 남아 있기 위해 우리는 많은 에너지를 쏟고 많은 일을 해야만 했다. 그리고 남들의 눈에는 변한 게 없어 보일지라도, 그 모든 걸 겪은 나는 무척이나 다른 존재가 되었을지도 모른다. 오늘도 어김없이 쌓인 설거지를 끝내고, 고무장갑의 물기를 툭툭 털며 조금씩 그러나 분명하게 변화했을 나에 대해 생각해본다.

아웃소싱을 할 거야

먹는 얘기를 좀 해볼까 한다. 사실 독립하고 제일 걱정되었던 부분은 청소도, 빨래도 아닌 음식이었다. 청소라든가 빨래 같은 집안일은 본가에 있을 때도 많이 했다. 하지만 요리는 달랐다. 간혹 미역국 같은 것을 끓여보긴 했지만, 본질적으로 나는 요리에 별다른 경험도 감각도 없었다. 조금 걱정스러운 마음으로, 하지만 반쯤은 '어떻게든 되겠지' 하는 희망적인 마음으로 요리와 대면했다.

시작은 좋았다. 고대하던 내 공간을 갖게 되고, 모든 것이 아름다워 보이던 독립 초기에는 하루 세 끼를 집에서 챙겨 먹으며 뿌듯해했다. 햇빛에 잠이 깨 천천히 시작하는 아침, 반찬

하나하나를 조심스레 접시에 담아 밥을 차려내고 식사를 했다. 이때 반찬이 담겨 있던 플라스틱 통 그대로 식사를 하는 것은 절대 금지다. SNS에 올릴 것도 아닌데 예쁘게 밥과 국, 반찬을 세팅했고, 아침 식사를 마치고 나면 미리 사다 놓은 커피를 마시며 세상 여유를 다 누렸다.

그러나 슬프게도 쿠킹 허니문은 오래 지속되지 않았다. '오늘은 근대 된장국을 끓였어', '만둣국을 만들었어'라고 말하며 내심 뿌듯해하던 나였지만, 일단 요리에 콩깍지가 벗겨지자 나는 내 음식이 그다지 맛있지 않다는 사실을 깨닫게 되었다. 이제 더 이상 직접 만들었다는 이유만으로 탄 멸치볶음, 밍밍한 국을 예뻐할 수 없었다. 점차 감당하지 못하게 되는 재료들, 식사 전후의 설거지 그리고 이 모든 것을 준비하는 데 들어가는 시간이 눈에 들어왔다.

요리는 복합적인 태스크가 더해진 고도의 기술이었다. 예를 들어 불 앞에서 뭔가를 지지고 볶고 끓이는 것만을 요리로 생각했다면 오산이다. 요리는 쇼핑에서부터 시작된다. 음식을 해 먹기 위해서는 일단 식재료를 사다 놓아야 하고, 그 식재료를 손질해야 한다. 그리고 손질된 식재료로 음식을 만들어야 하고 완성된 요리를 적당한 그릇이나 용기에 담아야 한다. 식사 후에 설거지를 하고 음식물 쓰레기를 버리는 일도 빼놓을 수 없지. 이 중 어느 하나라도 맞아떨어지지 않으면 부엌이 제대로 돌아가지 않는다.

점점 요리를 하는 게 힘들어졌다. 애써 요리를 해놓고도 먹지 못하는 날이 많아졌다. 피곤한 몸을 이끌고 음식을 만들었는데 상한 재료를 썼다든지, 타거나 제대로 익지 않았다. 힘은 힘대로 썼는데 먹을 것은 없고 설거지만 남았을 때는 화가 나서 견딜 수 없었다. 천천히, 요리는 내 일상에서 멀어지고 있었다.

어쩌면 요리에 대한 집착이 문제일지도 모른다. '요즘같이 좋은 세상에 꼭 집밥에 집착해야 하나? 꼭 내가 만들지 않아도 건강한 음식을 먹을 수 있을 거야!' 일단 집 주변의 반찬가게들을 이용해보기로 했다. 집 주위에는 반찬을 저렴하게 판매하는 반찬가게들이 즐비해 있었다. 가게에는 멸치볶음부터 시금치무침, 연근조림과 장조림까지 다양한 반찬들이 준비되어 있었고, 쇼핑하듯 반찬을 고르기만 하면 먹을 게 생긴다는 게 신이 났다.

더욱이 반찬가게의 반찬들은 내가 한 것보다 맛이 있었다. 직접 만든 음식들은 간 조절에 실패해 '이 맛이 맞는 건가?' 고개를 갸웃거릴 때가 많았다. 하지만 가게에서 산 반찬들은 그럴 일이 없었다. 비록 자극적이고 짤지라도 '이게 연근조림이야!' '장조림은 이런 맛이야!' 하고 센 양념으로 자신의 정체성을 자랑했다. 어제는 이 반찬가게, 오늘은 저 반찬가게를 넘나들며 빈찬 쇼핑을 즐겼다. 하루의 시작과 끝에서, 오늘은 무슨 반찬을 사볼까 고민하는 순간은 꽤 즐거운 시간이었다.

하지만 사람의 욕심은 끝이 없었다. 시간이 지나자 이제 반찬을 사 먹는 것조차 귀찮아지기 시작했다. 아무리 반찬을 사 먹더라도 기본이 되는 밥은 직접 해야 했고, 반찬을 차리고 치우는 일련의 과정들은 여전히 필요했기 때문이다. 나는 손 하나 까딱하지 않을 수 있는 다른 선택지로 옮겨 갔다. '백반 하나요'라고 외치면 차리는 것부터 치우는 것까지 해결할 수 있는 백반집을 찾기 시작한 것이다.

특별히 메인이 되는 메뉴 없이 된장찌개며 김치찌개 같은 메뉴들을 복작복작 파는 백반집. 사실 독립을 하기 전에는 이런 음식점에 누가 가나 싶었다. 대부분 백반집은 외관이 그리 화려하지도 않고, 특별한 메뉴가 있지도 않기 때문이다. 그러나 내 식생활을 전적으로 아웃소싱하다 보니 나는 백반집이 얼마나 소중한 존재인지 깨닫게 되었다.

일주일에 몇 번 정도만 외식을 하면 '맛있는' 음식을 찾으면 된다. 돈가스, 샤브샤브, 초밥, 햄버거처럼 한눈에 관심을 끄는 음식들을 골라도 좋다. 하지만 매일, 매 끼니를 밖에서 해결해야 하면 얘기가 달라진다. 고기가 좋은 것도 하루 이틀이지 매끼 큼직큼직한 음식들을 먹는 것은 부담스럽다. 속이 부대끼고 채소를 먹은 게 언제인지 기억이 가물가물하다. 그런 때 각종 나물과 김치가 밑반찬으로 나오고 찌개 하나가 추가된 백반은 너무나 소중한 존재인 것이다.

느지막이 일어나, 혹은 일을 마치고 돌아오는 길에 백반집에 들른다. 된장찌개를 시켜놓고 백반집 아주머니와 몇 마디를 나눈다. 백반집의 반찬은 랜덤이기에 오늘은 무슨 반찬이 나왔나 감탄하며 테이블을 둘러본다. 간혹 구운 갈치나 고등어조림 같은 게 나오면 그렇게 감사할 수가 없다. 나온 음식을 허겁지겁 해치우고 나면 끝. 음식을 차릴 필요도, 치울 필요도 없이 자리를 뜨기만 하면 된다.

집에서 밥을 해 먹는 것보다, 반찬 가게에서 반찬을 사 먹는 것보다 백 배는 편하다! 밥을 사 먹는 비용이 많아지긴 했지만, 이때쯤엔 돈이 좀 들더라도 식사를 잘 해결할 수 있다는 사실이 기쁘기만 했다. 밥 정도는 밖에서 사 먹는 게 지극히 자연스러운 현대인의 삶이라며 스스로를 위로했고, 이대로 영영 밥은 밖에서 사 먹으면 될 거라고 생각했다.

하지만 완벽하다고 믿었던 백반집 나들이 역시 오래가지는 못했다. 백반집 음식은 맛있었지만 자극적이었다. 자극적인 음식을 매일 먹다 보니 자주 체하거나 속이 쓰렸다. 간혹 카드를 사용한다고 면박을 당하거나 식당 휴일에 걸려 헛걸음을 하기도 했다. '편한 것도 좋지만 이래도 괜찮은 건가?' 다시금 의구심이 들었다.

식사는 인간이 생존하기 위해 필요한 가장 기본적인 요소이다. 전적으로 먹을 것을 외부로부터 의존하다 보니 스스로가 나약하게 느껴졌다. 아무리 4차 산업혁명 시대에 살며 첨단 기기를 사용한다 해도, 여의치 않은 상황에 자기 밥 한 끼 해결할 수 없다면 그것은 문제가 아닐까?

요리 클래스를 듣다

다시 원점으로 돌아와 조리대 앞에 섰다. 내가 만든 음식은 대부분 맛이 없었으므로 평소에 관심이 있던 요리 클래스를 신청했다. 건강하면서 맛있는 집밥을 만들고 싶었고, 잘못된 식생활 습관도 몽땅 고치고 싶었다. 새로 산 앞치마, 손수건, 남은 음식을 담아올 플라스틱 통을 고이 품고 첫 번째 수업에 참석했다.

첫날은 각종 나물을 만드는 방법, 현미밥을 짓는 법, 당근 샐러드를 만드는 법을 배웠다. 먼저 당근 샐러드를 만들기 위해 당근을 채 썰기 시작했다. 그런데 나는 시작부터 선생님이 당근을 써는 모습에 충격을 받아버렸다. 그토록 정성을 다해 당근을 자르고 채를 써는 모습은 본 적이 없었기 때문이다. 선생님은 마치 식재료 하나하나에 숨이라도 붙어 있는 것마냥 조심스럽게 다뤘다.

충격은 채를 써는 과정에서 끝이 나지 않았다. 다음은 취나물을 만들기 위해 취나물을 다듬고 손질하는 과정이었다. 나물을 손질할 때도 선생님은 남달랐다. 잎이 여려 보이는 나물과 거칠어 보이는 나물을 나누고, 끓는 물에 데칠 때에도 거친 나물들이 먼저 들어가 적절히 익혀질 수 있도록 신경을 썼다. 나물의 끝부분을 댕강댕강 썰어 시원하게 끓는 물에 쏟아버리던 내 방식과는 딴판이었다. '음식을 이렇게 할 수도 있는 거구나.' 재료의 작은 부분도 살리고, 조금 더 품을 들이더라도 본연의 맛을 살리기 위해 노력하는 요리 선생님의 태도는 감동적이기까지 했다.

어쩐지 요리 수업 한 번을 들었을 뿐인데 내가 살아가는 방식에 대해 돌아보게 되었다. 내 인생의 모토를 한 단어로 표현하면 '대충'일 것이다. 귀찮은 건 싫다. 머리 아픈 건 딱 질색이다. 그래서 신경 쓰는 일을 최대한 줄여가며 살았다. 그 덕에 편한 것도 많았고, 어쩌면 내심 그런 태도가 '쿨한' 것이라고 여기기도 했다.

살다 보면 마음대로 되지 않는 일이 많아서 마음에는 굳은 살이 생겨간다. 예전에는 조금만 무슨 일이 생겨도 친구에게 전화를 걸어 난리법석을 부렸는데 점점 그런 일이 줄어든다. 기대했던 일이 잘 풀리지 않을 때에도, 실망스러운 일이 생겨도 '그러면 그렇지' 하고 냉소하게 된다.

하지만 아무리 무심한 척, 아무래도 괜찮은 척하더라도 나는 내 앞의 인생에 온갖 신경을 쓰고 있다. 실망감을 감추는 일에 능숙해졌다 하더라도 그게 아무렇지 않다는 뜻은 아니다. 어쩌면 성숙한 삶의 자세란 더 이상 아무런 감정도 느끼지 않는 척하는 게 아니라, 마음을 졸이고 실망스러운 나날도 우리 삶의 피할 수 없는 한 부분임을 받아들이는 게 아닐까? 선생님이 요리에 임하는 태도는 내 안의 무엇인가를 움직이게 했다. 애정하는 대상을 위해 종종거리는 것, 작은 부분까지 마음을 쓰고 최선을 다하는 것은 멋진 일이란 걸 오랜만에 다시 깨닫게 되었다.

선생님과 같이 작은 부분까지 마음을 쓴 음식을 우리는 함께 먹었다. 맛은 평범한 한식의 맛이었다. 아무리 정성스럽게 음식을 만들었다고 해서 샐러드에서 스테이크 맛이 나거나, 버섯에서 랍스타 맛이 나진 않았다. 하지만 그 모든 조리 과정을 지켜본 내게는 형언할 수 없이 특별한 맛으로 느껴졌다.

소중하게, 마음을 다해 만든 음식은 그것을 먹는 사람까지 소중하고 귀한 사람으로 느껴지게 하는구나. 줄곧 서서 진행되는 3시간 반의 수업은 힘들었지만, 수업의 끝에 얻게 되는 정갈한 식탁은 고됨을 견딘 보람이 있었다.

마크로비오틱, 박막례시피
· ·

내가 수강했던 요리 수업은 '마크로비오틱'이라는 철학에 근거한 수업이었다. 마크로비오틱이란 재료의 뿌리, 껍질 등도 버리지 않고 요리에 이용하는 것이다. 식품을 통째로 먹을 때 더 건강하다는 일본의 요리법에 뿌리를 두고 있다. 이외에 유튜버 박막례 할머니가 출간한 요리책《박막례시피》도 혼자 음식을 만드는 데 도움이 되었다. 별 거 아닌 요리도 할머니의 요리법을 따르면 귀신같이 맛있어져서 놀랍다.

시간과 마음을 쓰겠어요

몇 번의 요리 수업을 마치고 요리왕 비룡이 되었냐 하면 그렇지 않다. 여전히 음식을 태워먹고 망치기 일쑤였고, 나쁜 식습관을 고치지도 못했다. 하지만 수업을 마치고 나는 그전과는 다른 마음으로 조리대 앞에 서게 되었다. 바로, 내 시간과 에너지를 충분히 요리에 쓰겠다는 마음이다.

사실 요리를 습관화하는 데 가장 큰 장벽은 '시간이 아깝다'는 마음이었다. 식재료를 손질하고, 씻고, 조리하고, 치우는 이 모든 부산스러움을 겪고 만들어진 반찬 하나. 그 반찬 하나를 만들기 위해 이 모든 시간과 비용, 에너지를 사용한다는 게 너무나 아까웠다. 이 정도 시간이면 더 대단한 무언가, 그럴싸한 무언가, 솔직히 말해서 돈이 되는 무언가를 할 수 있지 않을까? 요리를 하는 매 순간 나는 그런 회의감을 모른 척해야 했다.

하지만 아이러니한 건 그렇다고 해서 요리를 하지 않는 시간에 내단한 무언가를 하시도 않는다는 점이었다. '시간이 없다'고, '바쁘다'고 말하는 그 어떤 날에도 나는 누워서 몇 시간 동안 유튜브를 볼 시간은 있었다. 친구와 전화로 시시껄렁한 수다를 떨거나, 득이 되지 않는 생각을 부여잡고 불안해할 시간도 있었다. 다만 나에게는 '요리할 시간', 나에게 손수 음식을 만들어 대접할 시간만 없었던 것이다.

시간이 없다는 말은 요리할 시간이 없다는 뜻이었고, 시간이 아깝다는 말은 요리할 시간이 아깝다는 뜻이었다. 결국 문제는 절대적인 시간의 부족이 아니라, 내 시간을 쓸 만큼 요리가 중요하지 않다고 느끼는 것이다. 머릿속으로는 좋은 음식을 해 먹는 게 중요하다고 생각하면서도, 동시에 요리를 무시해왔던 건 왜였을까? 정말 음식을 해 먹는 건 아까운 일인가?

요리를 하는 게 아깝다고 느꼈던 가장 큰 이유는 '돈이 되지 않는다'고 여겼기 때문이다. 책을 쓰거나, 수업 준비를 하면서 시간이 아깝다고 느꼈던 적은 없다. 돈이 되기 때문이다.

반면 음식을 해 먹는 건 쉽게 포기할 수 있는 일처럼 느껴졌다. 돈이 되지 않기 때문이다. 역사상 요리를 비롯한 가사 노동은 유의미한 경제활동으로 평가받지 못했다. 그랬기에 나 역시 은연중에 요리를 돈 안 되는 일 카테고리에 넣어놓고, 그 일을 할 때마다 은근히 거부감을 느꼈던 것이다.

《잠깐 애덤 스미스 씨, 저녁은 누가 차려줬어요?》의 저자 카트리네 마르살에 따르면 애덤 스미스가 《국부론》을 쓸 당시 푸줏간 주인과 양조장 주인, 빵집 주인이 일을 하고 돈이라는 가치를 창출해낼 수 있었던 건 단지 보이지 않는 손뿐만 아니라 그들의 식사를 차리고, 아이를 돌보던 어머니나 아내, 누이가 있었기 때문이다.

저자는 청소와 빨래를 하고, 음식을 만들고 치우는 또 다른 일들은 비록 숫자로 환산되지 않았을지라도 또 하나의 경제라고 이야기한다. 그것은 존재하지 않아서가 아니라, 그간 인정하지 않아 잊혔던 경제다. 숫자로 환산되지 않는다고 엄연히 존재하는 또 하나의 경제를 무시한다면, 그 손해를 감당하는 건 전부 내 몫이 될 것이다. 그리고 그 손해는 제대로 식사를 챙기지 못했을 때 나타나는 피부의 건조함과 속 쓰림처럼 생생하게 존재한다.

요리를 어렵게 만드는 또 다른 한 가지는 버리기이다. 1인 생활을 하는 자취생들이라면, 아무리 정성껏 음식을 해놓아도 음식의 상당수 이상을 버리게 되면서 느끼는 허탈함을 경험해 보았을 것이다. '사 먹는 게 낫다'는 말이 나오는 맥락도 비슷하다. 힘들게 음식을 해도 혼자서 소화할 수 있는 양은 한계가 있다. 그렇기 때문에 음식의 대부분을 버리게 되고 이럴 바에야 그냥 사 먹는 편이 나의 심신 건강을 위해서도, 지구의 물량 낭비를 줄이기 위해서라도 좋은 선택이라고 느껴지는 것이다.

나 역시 그랬다. 집에서 밥을 먹으면 전체 식재료의 3분의 1을 소비한다. 그리고 나머지 3분의 2는 버리게 된다. 먼저, 음식을 조리하기 전에 3분의 1이 버려진다. 적게 산다고 샀는데도 제때 요리하지 못한 채소들이 물러져 있는 채로 발견되기 때문이다. 냉장고에 있는지 몰라 오랜 기간 방치한 오이는 액체 상태로 변해버려 충격을 주었다. 큰맘 먹고 산 고기가 냉동실에서 유통기한이 한참 지난 채로 발견되었을 때도 눈물을 머금고 버려야 했다. 그러다 보면 요리를 시작하기도 전에 식재료의 3분의 1을 잃게 되는 것이다.

다음으로는 요리한 후의 음식이 3분의 1만큼 버려진다. 어떻게 한 음식인데, 첨가물도 보존제도 들어가지 않은 홈메이드 음식은 너무도 쉽게 상해버린다. 1인 가정에서 음식을 소비하는 속도는 다른 가정보다 느릴 수밖에 없다. 같이 먹어주는 사람도 없고, 그렇다고 해서 음식을 다 먹기 위해 끼니마다 그것만을 먹을 수는 없다.

그러다 보면 시간이 조금만 지나도 음식의 상태가 이상해지고, 그렇게 또 3분의 1은 먹지 못하고 버리게 된다. 음식을 다 먹지 못해서, 혹은 음식이 상해서 버려야 할 때마다 기분이 좋지 않았다. 음식을 버리는 과정은 번거롭고 불쾌하기도 했지만, 심리적으로도 죄책감을 불러일으켰다. 그래서 식사를 마치면 '계산해주세요'로 그 과정을 생략해버릴 수 있는 백반집을 선호했던 것 같다.

하지만 생각해보면 백반집이라고 음식물 쓰레기가 나오지 않는 건 아니다. 내가 직접 버리지 않을 뿐이지 내가 먹고 남은 음식들은 그대로 쓰레기통으로 버려진다. 식당이라고 해서 조리 전 모든 식재료를 완벽하게 소진할 수 있는 것도 아니다. 결국 나는 돈을 주고 신체적, 심리적으로 불쾌한 버리기의 과정을 남에게 위임했을 뿐이다.

그렇게 생각하니 집에서 버리게 되는 음식물 쓰레기에 대한 불편한 감정을 조금은 줄일 수 있었다. 집에서 음식을 해 먹는다면, 음식을 버리는 일은 불가피한 일이다. 만들어지는 게 있으면 버려지는 게 동반될 수밖에 없기 때문이다. 음식을 만드는 것도, 버리는 것도 시간과 마음을 써야 하는 중요한 일이다.

이제는 조리대에 선 순간만큼은 내 시간과 에너지를 온전히 요리에 집중하려 노력한다. 귀찮다는 생각도, 힘들다는 푸념도 접어두고 할 수 있는 한 최선을 다하겠다는 마음을 꾸역꾸역 먹어본다. 매번 그것을 직접 할 수는 없겠지만, 그렇지 못한 순간에도 내가 배를 채우기 위해 그 일들을 하는 사람들이 존재한다는 걸 잊지 않아야 한다.

끼니마다 나의 우선순위는 다르다. 어느 때는 건강한 음식이 고프고 또 어느 때는 저렴하게 해결하는 한 끼가 필요하다. 그래서 때로는 직접 요리한 집밥이나 어머니의 반찬에, 또 때로는 반찬가게나 식당에 끼니를 의지하여 살아간다. 자취를 시작하고 호밀빵에 아보카도를 올려 먹는 세련된 음식 솜씨를 갖게 되었다거나, 현대인답게 식생활은 아웃소싱하기로 결정했다는 등의 결론은 더 명쾌할지도 모른다. 하지만 오늘의 나는 이게 최선이라며 서툰 요리와 포기하지 못하는 바깥 음식들을 끌어안고 살아가고 있다.

잘살고 있다는 느낌

'어느 순간이고 요리를 하는 사람은 결코 불행할 수 없다.'

《혼자의 가정식》의 저자 신미경 씨는 이렇게 말했다. 요리를 하며 부지런히 몸을 움직이는 사람에게 어둠은 오래 머물수 없다고 말이다. 책을 읽는 여유로운 시간에는 고개를 끄덕이며 공감을 하면서도, 직접 요리를 시작하면 금세 그 마음은 흐트러진다. 국 하나 끓이는 데, 반찬 하나 만드는 데 뭐 이리많은 품이 들어가는지 불평이 절로 나오기 일쑤다.

오늘은 무를 자르다 손을 베였다. 이것도 저것도 해야 할것이 많은데 그 와중에 뭇국을 끓이겠다고 고집을 부리다 손을

벤 것이다. 반창고는 찾아도 보이지 않고, 휴지로 흐르는 피를 지혈하며 짜증이 올라오는 걸 느낀다. 요리를 하는 사람은 결코 불행할 수 없다고? 지금 불행한 마음이 스멀스멀 올라오는데? 사춘기의 청소년처럼 따지고 싶기도 하다.

요리를 예찬하는 글들은 많다. 자취를 시작하며 나도 그런 사람들 중 한 명이 되기를 바랐다. 아쉽게도 나는 여전히 요리를 할 때 평화로움과 뿌듯함보다는 고단함과 수고스러움이 더 크게 느껴진다. 21세기에 배달의 민족으로 태어나 한 끼를 만드는 것쯤은 가장 포기하기 쉬운 일이기도 하다. 그런데 왜, 그럼에도 불구하고 나는 이렇게 못하는 요리를 부여잡고 다시, 또다시 시도해보는 걸까?

그건 바로 혼자의 나를 먹이는 것만큼 온전히 나를 위한 일은 없다는 생각이 들기 때문이다. 사실 사람이 여럿일 때는 식사를 준비하고, 챙겨 먹기가 더 쉽다고 생각한다. 그 과정이 고단하지 않아서가 아니라, 다른 사람 때문이라도 몸을 움직이게 되기 때문이다. 아내나 남편을 위해서라도, 부모나 자식을 위해서라도 무거운 몸을 일으키게 된다.

하지만 혼자서 먹는 밥은 다르다. 내가 안 먹는다고 해서 같이 끼니를 거를 사람도 없고, 나에게 나무라는 사람도 없다.

반대로 끼니를 잘 챙겨 먹는다고 누군가 알아봐주거나, 인정해 주지도 않는다. 그렇기 때문에 이러한 부분과 상관없이 수고로운 그 모든 과정을 견뎌 음식을 만들었을 때, 그 결과물은 온전히 나에 대한 애정이라는 생각이 드는 것이다.

무엇보다도 적절한 시간에 건강한 음식을 챙겨 먹는 순간은 드물게 '잘살고 있다'는 느낌을 받을 수 있는 귀한 시간이다. 지금의 사회는 모든 것이 빠르게 변하고, 무엇도 확신하기 어렵다. 오늘 옳았던 것이 내일은 틀리고, 지금 하고 있는 일을 내년에도 할 수 있을지 확신할 수 없는 상황에서 내가 잘살고 있는지, 제대로 가고 있는지 확신하기는 쉽지 않다. 하지만 그럴 때에도 제때 건강한 음식을 먹는 순간만큼은 '제대로 살고 있다'는 확신이 든다. 일이 잘 풀리지 않은 날에도 제대로 된 음식을 먹은 날에는 나를 존중하기 위해 노력했다는 생각이 들기 때문이다.

생각해보면 요리만큼 가성비가 뛰어난 기술이 없기도 하다. 비록 숙련되는 데는 오랜 시간이 걸리고 시행착오를 겪더라도, 일단 익숙해지면 수십 년 동안 하루에 두세 번은 나에게 기쁨과 만족감을 선사하기 때문이다. 그리고 그 순간만큼은 나라는 사람이 자기계발과 성장을 위해서, 취업과 승진을 위해서, 몇 살쯤이면 갖고 있어야 한다는 몇천만 원을 모으기 위해서가 아니라 손에 잡히고, 눈에 보이는 이 현실에 뿌리내리고 존재하기 위해 산다는 것을 깨달을 수 있다.

밥은 꼭 영양소를 몸에 집어넣는 데에만 의미가 있지 않다. 부담스럽지 않은 아침 식사는 하루를 시작하는 신호를 주고, 점심과 저녁 식사는 몰입하던 일을 잠시 중단하고 숨을 고르게 한다. 세상에 이렇게 남는 장사가 또 있을까?

'요리를 하는 사람은 불행할 수 없다.' 조용히 작가의 문장을 다시 한번 읊조린다. 맞다. 요리를 하는 사람은 불행할 수 없다. 힘들고 피곤하더라도 자신을 위해 그날의 음식을 차리는 사람은 강하기 때문이다. 그에게 불행이 찾아올 수는 있지만, 그는 그 불행 역시 숭덩숭덩 자르고 팔팔 끓여 힘이 되는 양분으로 만들어버릴 것이다.

과거의 나는

'이 일이 아니면 안 된다'라는 식의

열정을 갖고 싶었다.

지금의 나는 어떤 일을 하든 사람은

그럭저럭 살아가리라는 걸 안다.

이제 뜨겁게 달아오르는 열정보다는

잔잔하게 하루를 채워주는

오늘의 할 일에 미래를 걸어보고 싶다.

2부

열정보다는 할 일에 기댈게요

사부작사부작 하다 보니 반짝이는 게 생겼어

뜨거운 열정은 없습니다만

《인스타그램에는 절망이 없다》는 밀레니얼 세대인 저자 정지우 씨가 직접 밀레니얼 세대의 특징을 분석한 사회과학 서적이다. 저자에 따르면 지금의 1980, 1990년생들은 학창 시절 지속적으로 꿈을 좇으라고 배웠지만, 막상 성인이 되면 낮은 경제 성장률로 인해 그 꿈을 이루기 어려운 현실을 마주한다.

즉 지금의 밀레니얼 세대는 큰 꿈을 꾸기를 교육받지만 막상 그 꿈을 이루기는 가장 어려운 세대라는 것이다. 이러한 상황에 놓인 청년들은 어떤 선택을 내려도 만족하기 힘들다. 배운 대로 꿈을 좇으면, 생계를 유지하기 어렵다. 반대로 꿈을 포기하고 생계를 택하면, 삶을 잘못 살고 있는 것 같다는 회의감이 끈질기게 따라붙는다.

　이 책을 읽으니 나 역시 꿈이 없어 고민이던 학창 시절이 떠올랐다. 중학교, 고등학교에 다닐 때에는 매년 학년이 바뀔 때마다 끊임없이 장래희망을 적어내야 했는데, 적을 만한 것이 없어 온종일 끙끙댔던 기억이 있다. 지금 생각하면 종일 언수외(언어, 수리, 외국어)만 공부하는 내가 딱히 꿈이 없었던 것은 자연스러운 일이었다. 그럼에도 그 당시에는 꿈이 없다는 것 때문에 위축되었다. 꿈이 뭐냐는 질문에 우물쭈물하다 보면 열정도, 비전도 없는 별 볼 일 없는 사람으로 느껴졌기 때문이다.

　'좋아하는 일이라면 굳이 찾지 않아도 알 수 있어야 하지 않나?' 하고 싶은 일을 억지로 찾는다는 게 부자연스럽게 느껴졌지만 그렇다고 포기할 수도 없었다. 똑같이 언수외를 공부하면서도 어쩐지 자신만의 꿈이 있는 친구들이 있었고, 확신에 차 무언가를 말하는 친구들이 분명 존재했기 때문이다.

　꿈이 있는 친구들을 보면 답을 찾은 사람들 같았다. 나도 모르게 덜컥 주어진 삶에서 도대체 무엇을 해야 할지 정답을 찾은 사람, 그 옆에서 나는 이상한 소리가 나는 오답만을 꾹꾹 누르고 있었다. 이렇게 누르다 보면 언젠가 정답을 찾을 수 있겠지, 그러면 그때부터는 정말 확신을 가지고 살 수 있을 것이라고 생각하면서 말이다. 꿈은 단순히 생계를 위한 수단이 아니었다. 조금이라도 이 삶에 의미를 부여해줄 그 무엇이었고, 그렇기에 포기할 수 없었다.

나는 열심히 꿈을 만들어냈다. 내가 제출한 꿈은 아주 다양했다. 아나운서부터 경영컨설턴트, CEO와 외교관까지 그럴싸한 직업들은 모두 내 꿈 리스트에 모여 있었다. 한 번도 그런 일을 하는 사람을 만난 적도, 정확히 무슨 일을 하는지도 알지 못했지만 괜찮았다. 엉터리 꿈을 제출하면서도 고등학생이 되면, 그리고 대학생이 되면 진정한 내 꿈을 찾을 수 있을 거라고 생각했다.

하지만 어쩐 일인지 대학생이 되자 나는 빠르게 회사원이 되는 내 미래에 수긍해버렸다. 지금까지 찾아왔던 꿈과 열정 같은 것들은 이제는 '너무 순수한' 이야기가 되어버렸다. 나와 친구들은 학점과 자소서, 스펙이라는 단어에 다 같이 익숙해지며 우리를 받아줄 회사를 찾기 시작했다. 그 와중에도 마음 한 구석에는 꿈에 대한 어렴풋한 미련 같은 것이 남아 있어서 돈도 많이 주고 인정도 받을 만한 회사를 골라놓고, 이게 내 열정이자 꿈이라고 포장하곤 했다.

한때는 한국무역진흥공사인 코트라에 들어가고 싶었다. 코트라는 기업들의 해외 진출 등을 도와주는 공기업인데 단순히 영어를 좋아한다는 이유로 코트라에 들어가는 것이 나의 꿈이라 믿었다. 사실 영어를 활용하는 직업은 무궁무진하게 많은데 왜 하필 코트라였을까? 아마 연봉도 높고 안정적이라는 공기업 가운데서는 그나마 제일 재미있어 보였기 때문이다. 쉽게 품었던 그 꿈은 공기업 수험서의 챕터 1을 공부하며 깔끔히 정리되었다.

또 한때는 기업의 인사부서에 들어가기를 꿈꾸기도 했다. 그 역시 상경계열에서 내가 지원할 수 있는 직무 중 가장 괜찮아 보였기 때문이다. 결국 나는 정말 내가 하고 싶은 일보다는 남들에게 인정도 받고, 돈도 되는 일이면서 하고 싶은 일을 찾고 싶었던 것이다. 이렇게 조건을 덕지덕지 붙여놓은 꿈에 열정 같은 게 있을 리 없었다.

어쩌면 나 역시 청춘답게 꿈도 꾸어야 하지만, 어른답게 경제적 독립도 해야 한다는 두 가지 요구 사이에서 이러지도 저러지도 못하고 있던 것인지도 모르겠다. 거대하게 부풀어 오른 꿈에 대한 의미와 포기할 수 없던 성공 사이에서 어느 것도 내려놓지 못하면서 말이다. 그리고 좀 더 솔직히 말하자면 꿈과 돈 중에 더 중요한 건 단연 돈이었다. 돈이 되지 않는 인정받을 수 없는 꿈은 중요하지도, 알고 싶지도 않았다. 그래서 나는 오랫동안 남들이 정해놓은 괜찮은 일들을 기웃거려야만 했다.

심심해서 시작한 일

모든 게 달라진 건 비로소 돈도 되고, 열정도 생기는 꿈이란 환상에서 벗어났을 때였다. 대학교 4학년 때 운이 좋게 학교를 졸업하기 전에 인턴으로 근무할 수 있는 기회를 얻었다. 외국계 회사였는데 여러모로 이상적인 회사였다. 직무도 비교적 괜찮다고 생각했던 인사 업무였고, 회사 사람들도 친절했다. 회사 분위기 역시 직원들의 복지를 신경 쓰는 조직 문화를 갖고 있었다. 여러모로 나무랄 데가 없었다. 분명 그랬는데, 전부 괜찮았는데 어쩐 일인지 그 속에서 나는 행복하지 않았다.

관심 있는 일이라고 생각했던 인사 업무는 그나마 나은 것에 불과했을 뿐 진정으로 좋아하는 일은 아니었다. 자기소개서를 쓸 때와는 달리 매일매일 그 일을 해야 되자 나는 더 이상 스스로에게 거짓말을 할 수 없었다. 눈을 뜨면 사무실, 또 눈을 뜨면 다시 사무실에 있는 회사 생활은 한 시간, 한 시간은 매우 느리게 흘렀지만 전체 근무 기간이었던 4개월은 무척 빠르게 지나갔다.

그래서 나는 취직을 한다면 힘들긴 하겠지만 또 금세 적응을 하겠구나, 그리고 이렇게 시간이 쏜살같이 흐르겠구나 하는 생각이 들었다. 그리고 나는 내 인생이 그렇게 빠르고 건조하게 지나갈 수 있다는 사실이 무척이나 무서웠다. 만약 회사에 조금이라도 문제가 있었다면 나는 단순히 회사 욕을 하며 다시 취업 전선에 뛰어들었을 것이다. 하지만 내가 생각해도 회사는 문제가 없었다. 문제는 회사가 아니었다. 맞지 않는 곳에 나를 끼워 맞추려던 내가 문제였다.

다시 학교로 돌아왔을 때에는 모든 취업 준비를 멈추었다. 그리고 이때는 남들이 보기에 그럴싸하면서, 내가 하고 싶어야 한다는 양립하기 어려운 기준을 내려놓고 진짜 관심 있는 게 무엇일까를 고민하기 시작했다. 이때 가장 효과적이었던 방법은 지금까지 해왔던 모든 '해야 하는 일'을 멈추는 것이었다.

그때까지는 해야 하는 일들, 하면 이득이 되는 일들은 많이

해왔다. 하지만 그런 일들을 지속하다 보니 정작 진심에서 솟아나는 관심은 자랄 틈이 없었다. 무엇이라도 해야 한다는 불안 때문에 언제나 눈앞에는 항상 해야 할 것이 있었기 때문이다. 그렇게 난생처음으로 '이것도, 저것도 해야 한다'는 강박을 내려놓고 시간의 흐름에 나 자신을 맡겨 보았다.

부언가를 해야 한다는 강박에서 벗어나니 그간 빛을 보지 못했던 모든 게으름과 권태가 올라왔다. 수개월을 하릴없이 책을 보거나, 밀린 미국 드라마를 보면서 시간을 탕진했다. 먹고, 자고, 보고 싶은 것만 보고 즐기고 싶은 것만 한껏 즐겼다. 그러다 보니 놀랍게도 그렇게 노는 것도 지겨워지는 순간이 찾아왔다. 돈을 쓰는 것도, 카페에 가는 것도 시큰둥해졌다. 더 이상 나와 놀아줄 수 있는 친구도 없었다.

노는 게 너무 지겨워진 나머지 나는 글을 쓰기 시작했다. 왜 그런 거 있지 않나. 막상 하면 몸에도 좋고, 기분도 좋지만 좀처럼 하지 않는 등산 같은 일 말이다. 글쓰기는 나에게 딱 등산과 같아서 항상 관심은 있었지만 절대로 하지 않던 일이었다. 게다가 목적도 없는 글을 쓴다니, 그 무슨 한가로운 일인가. 그때까지 내가 쓴 글은 목적이 있는 대입 논술, 수업 리포트, 자기소개서 등이 전부였고 강제성 없이 글을 쓰기 시작한 건 처음이었다. 너무 할 게 없고 심심하니 그거라도 해보기로 한 것이다.

글쓰기는 시작이 어려웠지만 막상 시작하니 속도가 붙기 시작했다. 당시의 나는 어떻게 하면 적은 돈으로 먹고살 수 있을까에 관심이 많았다. 한 번 회사 일을 해본 후 스스로를 평가해보니 돈을 많이 벌 수 있는 사람 같지는 않았기 때문이었다. 그래서 가계부 쓰기를 공부하며 그 노하우를 글로 정리하기 시작했다. 오랜만에 하는 생산적 활동이 무척이나 재미있었다.

더욱 즐거웠던 건 그렇게 쓴 글들이 빵빵 터지기 시작했다는 것이다. 당시 서비스 초창기였던 다음 브런치에 글을 썼는데, 종종 내 글이 브런치나 다음 메인에 노출되었다. 생각보다 많은 사람이 내 돈 이야기에 공감해주었고, 관심을 보였다. 사람들의 반응이 있으니 더욱 열심히 쓰게 되고, 열심히 쓰다 보니 더 많은 사람이 반응해주었다.

그렇게 너무나 할 게 없어 시작한 글쓰기는 1년이 지나자 출간 계약으로 이어졌고, 어엿한 책으로 나오게 되었다. 그때 나는 알게 되었다. 자신이 정말 좋아하는 일을 찾기 위해서는 먼저 하기 싫은 일부터 그만두어야 한다는 것을 말이다.

몇몇 책이나 강연에서는 포기할 수 없는 일, 일을 마치고 와서도 생각이 나는 일이 진짜 하고 싶은 일이라고 말한다. 하지만 내 생각은 다르다. 애초에 갖고 있는 에너지가 적은 사람들은 하루의 할 일을 모두 마치고 나면 어떤 것도 시도할 마음이 생기지 않기 때문이다.

그렇기에 아무리 노력해도 하고 싶은 일을 찾을 수 없다면, 인생에 한 번쯤은 에너지가 넘쳐 흐를 정도로 아무것도 해보지 말라고 권하고 싶다. 놀고, 놀고, 또 놀고 나서도 할 게 없을 때 사람은 자신이 비로소 해보고 싶었지만 용기가 나지 않아 시도하지 못했던 일을 시도하게 된다. 그렇게 찾은 내 일은 돈도, 명예도, 그 무엇도 없는 일이었다. 하지만 최소한 그 일은 내가 진심으로 궁금해하고, 좋아하는 일이었다.

사이드 프로젝트
· ·
현실적으로 모든 일을 내팽개치고 심심해질 때까지 나를 내버려 두는 게 어려울 때도 많다. 그럴 때는 차선으로 가늘고 길게 사이드 프로젝트를 운영해보기를 권한다. 학교를 다니거나 회사에 다니는 '본캐' 외에 내가 좋아하는, 그리고 당장 결과를 내지 않아도 되는 '부캐'를 만드는 것이다. 꼭 거창한 게 아닐지라도 자신의 관심사에 대해 인스타그램, 브런치 등의 SNS에 자료를 모으거나 자신의 콘텐츠를 제작하기 시작하면 그게 바로 사이드 프로젝트의 시작이 된다. 모든 사이드 프로젝트는 시작이 미미할 수밖에 없다. 하지만 그 미미함을 견디고 10개, 50개, 100개 등 일정량을 채우고 나면 분명 스스로에게 남는 게 있다.

경로를 이탈하겠습니다

그렇게 가계부와 돈에 대한 글을 쓰다 경제교육을 하는 강사가 되었다. 물론 경력이 없는 나에게 일을 주는 곳은 적었기 때문에 나는 다른 아르바이트와 강사 일을 병행해서 진행해야 했다. 처음 취직이 아닌 프리랜서로 일하기로 결심하고 부모님께 그 사실을 말씀드렸던 때가 생각난다. 취업을 하지 않고 불안정한 프리랜서로 살겠다고 하니, 당연히 부모님은 걱정하시며 다시 생각할 것을 권했다. 나를 응원해주지 않는 것 같아 속상했지만, 어차피 결정은 내가 하는 것이라고 생각했기 때문에 부모님의 반응에 결심이 흔들리지는 않았다.

다만, 그날 밤 잠자리에 들었는데 왈칵 눈물이 났다. 처음으로 온전히 내 의지에 따라 내린 선택이 무서웠기 때문이었다. 물론 그동안 많은 선택을 내리며 살아왔지만 대개 내가 내린 선택들이라는 게 다 내 친구들도 하는 선택들이었다. 대학을 가거나, 경영학을 전공하거나, 아르바이트를 하는 등 대개의 선택들이 가까이에 있는 친구들도 전부 하는 일이고 사회에서도 장려되는 것이었다.

하지만 직장생활을 시작하기도 전에 프리랜서로 일하는 친구는 내 주위에 아무도 없었다. 더군다나 부모님도 그다지 탐탁지 않아 하였으니 이 선택은 온전히 나의 결정이었다. 그건 일이 잘못되면 그 책임이 전부 나에게 있다는 뜻이기도 했다. 아무도 탓할 사람이 없는 결정을 밀고 나가자니 나도 모르게 눈물이 났다. 이 선택의 결과에 대해 온전히 내가 책임져야 한다는 게 두려웠다.

그렇다고 해서 결정을 번복하고 싶지는 않았다. 온전히 내 욕구로 이루어진 선택을 내리는 게 익숙하진 않았지만, 그래도 지금까지와는 다른 선택을 하고 싶었기 때문이다. 지금까지의 나는 정말 좋아하지만 리스크가 있는 1순위 선택지와 그다음으로 좋아하지만 안정적인 2순위 선택지 중에 후자를 택하며 살아왔다. 감수할 수 있는 위험과 적당한 만족감의 2순위 선택지는 충분히 만족스러운 결정이었다.

하지만 이번만큼은 2순위를 선택할 수가 없었다. 2순위를 선택한다면 그 결과가 너무 불행할 것이었기 때문이다. 내 하루의 대부분을 차지하는 일에서만큼은 정말 원하는 1순위를 선택하고 싶었다. '1순위 선택을 내리는 실험을 해보자. 만약 실패하면 원래대로 돌아가면 되잖아?'라고 읊조리며 나 스스로를 북돋았다.

《스무 살의 인문학》에서 철학자 강신주 씨는 갓 스무 살이 된 청년들에게 '스무 살로 살 것인가, 한 살로 살 것인가'라는 질문을 한다. 미성년자였던 시간 동안 학생들은 온전히 자신의 욕구에 기반해서 행동할 수 없다. 미성년자는 양육자에 의지하며 살아가기 때문에 자신의 욕구보다는 양육자의 욕구에 기반하여 결정을 내리기 쉽다.

하지만 이제 스무 살이 된 성인들에게는 처음으로 선택권이 주어진다. 첫째는 스무 살로 사는 선택지로, 지금까지처럼 양육자의 판단에 의존해 삶의 결정들을 내리는 것이다. 이러한 방식은 열아홉 살 때까지 살던 방식과 별반 차이가 없기 때문에 스무 살로 사는 삶이라고 표현한다.

하지만 이제부터 이야기할 '한 살로 사는 것'은 다르다. 한 살로 사는 건 지금부터라도 나의 욕구에 기반하여 내가 원하는 삶을 살아가겠다는 의지의 표현이다. 남들이 보기에, 부모가 보기에 좋아 보이는 선택 대신에 내가 진짜 택하고 싶은 걸 좇는 게 한 살로 사는 삶이다.

그는 학생들에게 이제 자신의 삶의 주인이 되어 한 살로 살아보는 게 어떠냐고 제안한다. 한 살로 사는 삶은 당연히 스무 살로 사는 것보다 서툴고 힘들겠지만, 진정으로 자신이 원하는 삶으로 향하는 과정이기 때문이다. 그리고 처음에는 한 살로 사는 삶이 익숙하지 않겠지만, 그러한 삶의 방식도 익숙해질 거라고 말이다.

직장인 대신 프리랜서로 일하겠다고 다짐했을 때, 나는 한 살로서 나만의 첫 번째 선택을 내렸다. 그리고 그 선택은 사회가 제시하는 정상적인 로드맵에서 한참 벗어나는 길이었다. 친구들은 열심히 취업 준비를 할 때, 남들은 알지도 못하는 작은 협동조합에서 스무 살이 넘게 차이나는 어른들을 따라다니며 일을 배웠다.

처음 경로를 이탈했을 때는 그 끝이 낭떠러지일 것 같아 너무나 무서웠다. 눈물이 찔끔 나면서도 무섭지 않은 척해야만 했다. 그러나 프리랜서로 일한 지 5년 차가 되는 지금, 경로를 이탈한 삶에서도 길은 이어진다는 것을 알게 되었다. 그리고 설사 낭떠러지에 떨어지더라도 그저 좀 쉬다가 다음 스텝을 내디디면 된다는 것, 그러면 그곳이 길이 된다는 것 역시 알게 되었다.

재능이 있다는 착각

✤

사실 해보고 싶은 일을 찾았다고 해도 그걸 꾸준히 하는 것은 쉽지 않다. 왜냐하면 아무도 요청하지 않은 일을 해보고 싶다는 이유만으로 지속하는 건 상당히 멋쩍은 일이기 때문이다. 이 일로 정말 먹고살 수 있을지, 내가 이 일에 정말 재능이 있는지 끊임없이 의심이 든다. 나로서는 최선을 다해 무언가를 만들어내지만 그게 아무도 원하지 않는 거라면 어떻게 하지? 아니, 원하지 않는 걸 넘어서 세상에 해가 되는 건 아닐까? 책을 쓸 때마다 애꿎은 짓을 해서 소중한 나무를 낭비하는 건 아닌지 고민될 때가 많았다.

아무것도 보장되지 않는 길을 포기하지 않고 계속 걸어가기 위해서는 평소와는 다른 무언가가 필요하다. 바로 내가 생각하는 것보다는 그리 나쁘지 않다는 것, 그리고 꽤나 재능이 있을지도 모른다는 착각이다. 객관적인 자기 성찰 같은 것들은 잠시 접어두고 무턱대고 스스로를 믿어야 한다. '이걸 내가 했다고?' 하며 스스로 등을 쓸어주고 어깨를 추켜세워야 한다. 그러한 착각이 있어야만 어느 날 아침에 눈을 떴을 때 숨 막히는 시간의 무게에 짓눌리지 않을 수 있다.

물론 아무 근거 없는 착각과 믿음을 갖는 것도 쉬운 일은 아니다. 온 기억을 끌어모아 지금껏 받았던 따뜻한 칭찬들을 떠올려야 하기 때문이다. 예를 들어 학창 시절 발표를 끝내고 친구가 잘했다고 말해준 경험을 떠올린다. 그리고 그 경험을 풍선처럼 크게 부풀려 생각한다. '그 친구와 나는 친하지도 않았어. 친하지도 않은 사람이 그런 말을 했다면 얼마나 잘했다는 거야?' 하면서 말이다. 그런 기억에 의지해서 나는 강의를 준비한다.

또, 몇 번이나 읽었던 내 책의 리뷰라든가 모르는 이가 눌러준 '좋아요' 하나 같은 것들을 소환한다. 그런 것들에 의지해서 나는 재능 있는 사람이라고 주문을 걸고, 그 착각이 내가 하고 싶은 일을 꾸준히, 묵묵히 지속하게 만든다. 그리고 그렇게 계속해서 하다 보면 실제로 '넌 정말 재능이 있어'와 같은 칭찬과 어떠한 칭찬보다 나에게 확신을 주는 값진 돈이 입금된다.

특히 나는 재능이란 것에 대해 무척이나 관대한 관점을 갖고 있다. 꼭 지금 당장 뛰어난 능력을 갖고 있지 않아도, 무언가를 잘하고 싶은 마음이 든다면 그 분야에 재능이 있는 것이라고 생각한다. 무엇보다 질투가 난다는 건 그 분야에 재능이 있다는 뜻이다. 살다 보면 뛰어난 재능을 뽐내는 여러 사람을 마주치게 된다. 특히 SNS의 발달로 원치 않아도 각양각색의 성공한 사람들을 매일 눈앞에서 마주치게 되는데 그럴 때마다 부러워서 몸서리가 쳐지는 사람들이 있다. 나의 경우에는 글을 뛰어나게 잘 쓰는 사람들, 자신의 사업을 하는 사람들, 감각적으로 그림을 잘 그리는 사람들을 볼 때 많이 부럽다.

하지만 그렇다고 해서 성공한 모든 사람에게 부러움을 느끼는 건 아니다. 예를 들어 아무리 예쁘고 멋진 공간이라도 가게를 운영하는 사람들에게는 부러움을 느끼지 않는다. 공간을 만들고 유지하는 데는 관심이 없기 때문이다. 석·박사를 취득하고 한 분야에서 뛰어나게 인정받는 사람도 부럽지 않다. 물론 그런 사람들을 보면 멋있기는 하지만, 나는 두루두루 넓은 분야를 공부하는 게 더 성향에 맞기 때문이다.

결국 부러워한다는 것, 질투를 느낀다는 것도 관심이나 열정이 있을 때 가능한 일이다. 그리고 그런 부러움이 있을 때, 흠모하는 무언가가 있을 때 사람은 조금이라도 움직이게 된다. 그러니 부러움 역시 재능이라고 볼 수 있지 않을까?

지금까지 조금이라도 이룬 게 있다면 그 모든 것은 스스로에 대한 관대함과 과대평가에서 시작되었다. 결국 꾸준히 해내는 사람은 엄청나게 뛰어난 사람이라기보다 자기 자신, 그리고 자신이 만들어낸 것에 대한 부끄러움을 잘 견뎌내는 사람이다. 그리고 무엇도 보장되지 않는 상황에서 나를 견디게 하는 힘은 스스로에 대한 별 근거 없는 믿음이 최고다.

칭찬 수집하기

'나는 좋아하는 게 없어, 잘하는 게 없어'라는 생각이 든다면 지금까지 남들에게 들었던 칭찬들을 떠올려보자. 내가 좋아하는 것, 잘하는 것은 사실 내 입장에서는 당연해 보이기 때문에 그렇게 특별해 보이지 않는다. 이 정도는 아무나 다 하는 것이라고 치부하기도 쉽다. 하지만 남들이 얘기하는 작은 칭찬들을 흘려보내지 않고 정리해보면, 그 안에서 내가 잘하는 것과 좋아하는 것의 단서를 찾을 수 있다. 작게는 '귀여운 것을 좋아한다', '사진을 잘 찍는다' 등의 간단한 것도 좋다. 반복해서 비슷한 얘기를 듣는다면 이유가 있다. 타인의 칭찬을 흘려듣지 말고 차곡차곡 수집해보자.

자기만의 질서

✤

─────────────────────────

프리랜서로 일한 초기에는 말 그대로 막무가내, 되는 대로 일을 했다. 질서나 루틴 같은 말은 끔찍했다. 길고 긴 학창 시절 동안 납득할 수 없는 질서와 루틴에 나를 맞추어 살았던 게 지긋지긋했기 때문이다. 프리랜서로 일하기로 결심한 것은 자유롭기 때문이다. 그렇다면 그 자유를 즐겨야지, 왜 사서 고생을 해야 하나? 그렇게 되는 대로 일하는 나를 정당화했다.

하지만 아무 규칙 없는 자유도 지속되면 나를 갉아먹는다는 걸 그때의 나는 몰랐다. 오늘 하루는 또 어떻게 보내야 할지, 그렇게 보낸 하루는 과연 성공적이라고 말할 수 있을지 대답하기 어려운 나날들을 보내며 나는 천천히 지쳐갔다. 내키는 대로 보낸 하루하루는 자존감을 갉아먹었고, 스스로를 불안의 한 가운데에 있게 했다. 결국 아무리 답답해도 어느 정도 정해진 루틴이 필요하다는 결론에 이르렀다.

내가 감정의 롤러코스터에 빠지지 않기 위해 의지하는 루틴은 '집안일, 바깥일, 휴식'이다. 오전 시간에는 쌓여 있는 집 안일을 하면서 하루를 시작할 준비를 한다. 어쩐지 아침에는 부지런히 움직이고 싶지 않다. 늦장을 부리며 청소와 빨래, 식 사 준비를 한다. 음악을 틀어놓고 눈에 보이는 집안일 한두 개 를 하다 보면 금세 정오가 된다.

아침에 집안일을 했으면 오후에는 바깥일을 해야 한다. 외 부 일정이 있든 없든 무조건 밖으로 나간다. 보통은 집 근처에 있는 카페에 가서 일을 하는데 밖에 나가 있으면 어떻게든 무 슨 결과물이라도 내게 된다. 할 일이 있을 땐 할 일을 하고, 할 일이 없을 땐 읽어두면 도움이 될 것 같은 책이나 기사를 읽으 며 정리해둔다.

내가 하는 일의 많은 부분은 바로 돈이 되지는 않는다. SNS 에 콘텐츠를 올리는 것, 강의안을 업데이트하는 것 등은 꼭 필 요하지만 당장에 돈이 되지 않기 때문에 외면하고 싶을 때가 많다. 하지만 일단 바깥으로 나가 정해진 시간 동안 노트북과 아이패드를 붙잡고 있으면 무엇이라도 하게 된다.

저녁이 되면 집에 돌아와 휴식을 취한다. 그림을 그리기도 하고, 하염없이 넷플릭스 화면을 바라보기도 한다. 커뮤니티의 글을 보며 웃거나, 날씨가 좋은 날에는 산책을 나가기도 한다. 집안일, 바깥일, 휴식은 너무나 간단하지만 하루의 균형을 살 맞추어주는 루틴이다. 이 시이클에 밎추어 생활할 때, 나는 너무 고갈되지도 않고 너무 뒤처지지도 않는다.

또 다른 루틴은 직장인들처럼 평일에 일을 하고, 주말에는 쉬는 것이다. 아무리 일이 하기 싫어도 평일에는 일을 잡고 있고, 주말에는 마음이 급해도 쉬려고 노력한다. 이렇게 일하는 시간을 직장인의 생활에 맞춰두면 평일에는 연결성 있게 일을 해나갈 수 있어 좋고, 주말에는 남들처럼 쉴 수 있어 좋다. 업무 시간을 정해두고 그 시간 동안은 스트레스를 받아들이겠다고 다짐하는 건 그 외 시간 동안 편히 쉬어도 된다는 허락이 된다. 일하는 시간과 그렇지 않은 시간이 분명하므로 그렇지 않은 시간에는 나를 마음껏 쉬게 해줄 수 있다.

이렇게 하루의 루틴을 정해 지키려고 하지만, 큰 맥락에서는 너무 애쓰지 않으려고 노력한다. 너무 애쓰지 않는 태도는 프리랜서 생활을 견디는 데 핵심적인 기술이다. 불 같은 열정을 가지고 안 되는 일도 되게 만드는 사람들도 있지만, 애초에 나는 그런 사람이 못 된다는 걸 아주 잘 알고 있다. 안 되는 일을 되게 하려고 끙끙대다가는 내가 가진 한 줌의 에너지마저 모두 잃어버릴 것이다. 그런 나이기에 소중한 에너지를 아껴야 한다.

가볍게 나왔다가 지나가는 제안들은 그냥 지나가게 내버려 둔다. 할 수 있는 만큼만 일하고, 과하게 일에 몰입하는 것을 경계한다. 관심이 없는 사람들에게 이것 좀 보라며 콜드 메일을 보내지도 않고, 들어온 제안도 마음에 들지 않으면 거절한다. 심지어 일이 없을 때도 말이다. 이런 나를 보면 누군가는 열정 부족이라며 혀를 찰 것이다.

하지만 그 덕분에 화려하거나 큰 성과 없이도 나가떨어지지 않고 버틸 수 있었다. 애초에 무리하지 않았기 때문에 잔잔한 결과가 나와도 그러려니 넘길 수 있었다. 눈길을 끄는 화려한 사람이 되거나 큰 성과를 내진 못하지만, 잔잔하게 노력하다 보면 잔잔하게 알아주는 사람들이 있다. 잔잔하게 알아주는 사람들 덕분에 잔잔하게 할 수 있는 일을 하다 보면 꽤 마음에 드는 것들을 해볼 기회가 생기기도 한다.

결국 중요한 건 여기 이렇게 남아 있다는 것, 그래서 내가 하고 싶은 일을 놓치지 않고 있다는 것이다. 시인 류시화 씨는 《지구별 여행자》라는 책에서 '자유란 남의 질서에 순응하는 것이 아니라 자기만의 질서를 갖는 것이다'라고 이야기했다. 꾸준히, 그리고 무리하지 않고 일하는 태도는 나를 소진시키지 않으며, 내일의 기회를 가져오는 나만의 질서이다.

20분만 일하기

일하기 싫은 나를 멱살 잡고 일으켜 세우는 일은 쉽지 않다. 뭔가를 해야 하겠는데, 좀처럼 하기 싫다면 딱 20분만 하겠다고 결심해보자. 딱 20분만 하고, 그 뒤로는 그만둬도 좋다고 허락해주는 것이다. 타이머를 켜두고 20분간 죽이 되든, 밥이 되든 붙잡고 있으면 대부분의 경우 20분이 훌쩍 넘도록 그 일에 집중하고 있는 나를 발견하게 된다. 도저히 하기 싫어서 20분만 하고 그만뒀다면 그것대로 괜찮다. 나는 해볼 만큼 해봤으니까.

일하기를 실험으로

2주에 한 번은 푸른살림으로 가서 회의를 한다. 푸른살림은 경제교육과 상담을 업으로 하고 있는 프리랜서들의 협동조합이다. 여기에서 우리는 혼자서 진행하기 어려운 교육을 수주해 나누기도 하고, 업무 능력을 높이기 위해 스터디를 하기도 한다. 지금까지 혼자 일하면서도 버틸 수 있었던 이유는 바로 협동조합을 통해 느슨하게 연결되어 있는 동료들 덕분이다. 주기적으로 만나 각자의 어려움을 나눌 수 있는 동료들이 있다는 것은 혼자서 일하는 나에게 큰 버팀목이 된다. 일반적인 회사를 다니지 않는다고 해서 전혀 동료가 필요 없음을 의미하지는 않기 때문이다.

매일매일 동료들과 마주치고, 하루의 대부분을 같이 하는 건 싫지만 나 혼자서만 모든 것을 짊어져야 하는 것도 부담스럽다. 비슷한 일을 하는 사람들은 친구들은 몰라주는 고충을 알아주기도 하고, 실질적인 도움을 주기도 한다. 일이 없을 때는 일거리를 나눠주고, 일이 많을 때는 일을 하며 쌓이는 스트레스를 함께 나누어준다.

특히 푸른살림을 운영하는 박미정 대표님께는 항상 큰 도움을 받고 있다. 상담이나 교육을 하다가 어려운 상황에 처하면 꼭 대표님께 의논하는데, 분명 내 수준에서 완벽하게 마무리한 일도 대표님과 얘기를 하고 나면 보완할 점이 보인다. 사실 박미정 대표님과 나는 딱 스무 살 차이로, 나이로만 보면 그렇게 편한 대상은 아니다. 그럼에도 불구하고 대표님과의 대화는 즐겁다. 주위에 '저렇게 되지 말아야지'라는 어른이 아니라, 존경할 만한 어른이 있다는 건 큰 행운이라고 생각한다.

이렇게 너무 멀지도, 너무 가깝지도 않은 동료 관계는 서로를 미워하지 않으면서 힘이 된다. 기존의 조직 생활이 자신과 맞지 않는다고 해서 무조건 남은 선택이 '혼자'임을 의미하지는 않는다. 반드시 직장은 이래야 한다, 혹은 프리랜서는 이래야 한다는 상을 정해두지 않고 일을 하는 다양한 방식을 실험해보면 어떨까? 자신에게 가장 적합한 거리를 유지하며 함께 일할 때 동료는 비로소 든든한 자산이 된다.

푸른살림이 기존에 있던 조직에 합류해 도움을 받는 경우라면, 내가 직접 나서 함께 일하는 모임을 만들기도 했다. 프리랜서로 일하는 또래의 친구들과 주기적으로 함께 일하는 모임을 만든 것이다. 푸른살림 동료들에게는 업무에서 실질적인 도움을 받을 수 있지만, 아무래도 나와 다른 연령대이기 때문에 한계도 존재한다. 그래서 조금 더 자주, 편하게 만나 일을 하고 노닥거릴 수 있는 또래 프리랜서 모임을 만든 것이다.

다행히 내 주위에는 혼자 일하는 프리랜서들이 몇 명 있는데 각자 혼자 일하는 것에 질릴 대로 질려 있었다. 혼자 일하면 좋은 것도 하루 이틀이지, 매일매일 혼자 일하게 되면 지치는 지점이 있다. 첫째로 정해진 규율이 없으니 내 컨디션에 따라 그날의 업무 성과가 전적으로 달라진다. 또한 일을 끝내도 혼자이니 회식도 없고 즐거울 일이 없다.

물론 회사 생활을 하면 동료들과 어울려야만 한다는 게 스트레스일 수 있다. 하지만 매일 혼자 일을 하는 외로움도 항상 함께해야만 하는 스트레스만큼 크다. 그래서 각자의 분야에서 일을 하는 프리랜서 친구들끼리 모여 일주일에 한두 번 정도 만나 함께 일을 하기 시작했다.

비슷한 나이대의 친구들과 일을 하니 일상에 즐거움이 생겼다. 업무를 시작하기 전에는 각자 그날의 계획을 공유하고, 업무를 끝내고 나서는 오늘 하루가 어땠는지를 나누며 저녁을 먹었다. 다른 분야일지라도 나른 이에게 나의 계획을 말한다는 것만으로도 업무 효율이 높아졌다. 같이 식사를 하니 묵묵히 한 끼를 때우는 게 아니라, 분위기도 좋고 맛도 좋은 맛집들을 찾게 되었다. 또한 다른 분야이기 때문에 외부인의 입장에서 업무에 대해 피드백을 해주기도 한다. 서로의 디자인을 봐주기도 하고 강의 시연을 들어주기도 하면서 우리는 따로, 또 함께 일했다.

아쉽게도 코로나19가 유행하며 푸른살림 회의와 또래 모임은 줄어들었다. 하지만 다양한 사람들과 따로 또 같이 일하면서 일하는 방식에 정답은 없다는 것, 내가 원하는 모습의 조직이 없다면 내가 만들어갈 수 있다는 것 하나만은 분명하게 배웠다. 정해진 방식, 정해진 거리는 없다. 한 발 멀리, 또 한 발 가까이 거리를 조정하며 실험해볼 때 나와 꼭 맞는 업무 환경을 찾을 수 있다.

현실에 발 붙이기

하고 많은 일 중에서 돈 관리라는 일을 하게 된 이유는 나야말로 돈 관리가 절실하게 필요한 인간이기 때문이다. 사실 나의 아버지는 오랜 기간 은행원으로 근무하며, 어렸을 때부터 돈 관리의 중요성을 알려주셨다. 하지만 왜인지 그럴수록 나는 돈 관리 같은 것은 하고 싶지 않았다. 아버지가 말씀해주시는 부자들의 꼼꼼한 습관이라든가, 작은 돈의 중요성 같은 것은 너무 많이 들어서 감흥이 없었다. 그리고 나는 그 정반대에서 하고 싶은 것을 하며, 사고 싶은 것을 사고 싶었다. 돈이라는 존재가 내 행동을 제약하는 것 같았기에 그럴수록 돈에 대해 잊고 싶었다.

돈과 나의 관계가 변한 것은 대학을 졸업할 무렵이었다. 학생일 때는 용돈을 받았기에 되는 대로 돈을 써도 생활이 가능했다. 생각 없이 지출하더라도 조금만 버티면 다음 달 용돈을 받았으니까. 하지만 대학을 졸업하니 아무 대가 없이 생기는 돈은 없었다. 설상가상으로 힘들게 번 한 줌의 돈도 금세 사라져버려 이이가 없을 지경이었다. 돈을 버는 것은 쉽지 않았다. 너무나 쉽지 않아서 나는 이걸 적게 할 수 있나면, 무엇이든 할 것이라고 생각했다. 그렇게 나는 적성에 안 맞는 돈 관리를 시작했다.

사람이 쉽게 변하는 건 아니어서 갑자기 엄청난 절약가가 되었다든가, 복잡한 금융경제에 관심이 생기진 않았다. 나는 나를 닮은 돈 관리를 했다. 가계부를 작성하며 버는 돈과 쓰는 돈을 담백하게 기록했다. 이번 달에 돈이 남았다면 왜 남았는지, 부족했다면 왜 부족했는지를 돌아보았고 어떤 지출이 나를 행복하게 했는지 탐구했다.

놀랍게도 내 일상이 점점 더 마음에 들게 되기까지는 그걸로도 충분했다. 가계부는 내 상황이 어떤지 객관적으로 파악하게 해주었다. 그리고 내게 주어진 상황에서 최선의 선택을 내리도록 만들었다. 때로는 눈앞의 현실이 마음에 들지 않을 때도 있었다. 하지만 가계부는 그 현실 역시 과거에 내가 내린 선택의 결과임을 알려주었다. 끊임없이 새로운 선택을 내리고,

기록하고, 돌아보면서 나는 점점 더 원하는 일상을 만들어갔다. 그리고 당장의 현실이 마음에 들지 않을 때조차 주어진 오늘을 수용하는 법을 배웠다.

나는 이제 나를 닮은 돈 관리를 가르치며 산다. 나처럼 꼼꼼한 성격이 아닌 사람도, 머리 아픈 건 딱 질색인 사람도 가계부를 쓸 수 있는 방법이 있고, 그로부터 많은 것을 배울 수 있기 때문이다. 사실 돈은 지금 나의 상황을 너무 정확하고 날카롭게 보여주기에, 가계부를 쓰는 것이 언제나 쉬운 일은 아니다.

나 역시 아직 눈앞에 놓인 상황을 받아들일 용기가 나지 않을 때에는 가계부 따위는 버려두고 도망가고 싶어진다. 하지만 그럴 때마다 가계부를 내팽개치고 현실을 외면한다면 이상적인 꿈만 꾸다 고꾸라졌을 것이다. 그리고 내가 왜 여기에 와 있는지도 이해하지 못한 채 마음에 들지 않는 오늘을 불평으로 채울 것이다.

결국 내가 원하는 삶을 만들어가기 위해서는 현실에 발을 붙이고, 이상을 바라보아야 한다. 설사 현실을 외면하고 있을 때에도 적어도 현실을 외면하고 있다는 것은 인지하고 있어야 한다. 가계부 속 숫자는 차가운 마이너스를 보여주며 종종 우리를 좌절시키지만, 명백히 희망을 증명하기도 한다.

적은 돈이나마 원하는 방식으로 돈을 버는 게 가능하다는 걸 확인하기도 하고 해가 갈수록 수입이 천천히, 그러나 분명하게 늘고 있다는 걸 보여주기도 한다. 숫자가 증명해주는 발전은 어떤 좋은 말이나 위로보다 강력히다. 객관적인 자기 평가는 놀랍도록 차갑지만, 그 객관성 때문에 무엇보다 믿을 수 있는 강한 확신이 된다.

아마 나 역시 혼자서만 돈 관리를 했다면, 도망갈 틈이 있을 때마다 현실을 외면하며 달아나지 않았을까? 그런데 내가 바로 돈 관리를 교육하는 사람이기에 포기하고 싶은 순간에도 그만두지 않았다. 그리고 내가 가르치는 사람들에게 기대었던 것처럼, 그들 역시 달아나고 싶을 때 기댈 수 있는 사람이 되고 싶다. 지금 눈앞에 놓인 숫자들이 마음에 들지 않아도 괜찮다고, 우리는 점점 더 나아질 수 있다고 말이다.

머니 다이어리 쓰기

돈 관리를 해야겠는데, 어디서부터 시작해야 할지 모르겠다면 나만의 머니 다이어리 쓰기를 시작해보자. '아껴야 해!', '많은 돈을 모아야 해!'라는 강박은 잠시 내려놓고, 내게 들어오는 돈과 나가는 돈을 담백하게 기록해보는 것이다. 스스로를 비난하는 목소리를 멈추고 '나는 이런 데 쓰는 걸 좋아하는구나', '이런 데 쓰는 건 아깝구나'를 아는 것만으로 소비 생활이 한층 더 만족스러워진다.

비교의 늪에서 벗어나기

프리랜서 4년 차에 접어들며 번아웃이 왔다. 처음 일을 시작했을 때 나에게 3년의 시간을 주었다. 처음엔 힘들겠지만 3년 정도가 지나면 완전히 자리를 잡을 수 있을 거라 믿었다. 시간은 빠르게 흘러 3년의 시간이 지났다. 여전히 수입과 미래는 불안정했고, 애석하지만 과거의 내가 상상했던 3년 후의 내 모습은 아니었다.

더욱이 세상엔 잘난 사람들이 많아서 좀 쉬려고 인스타그램과 유튜브를 누르면 잘나가는 사람들이 온갖 재능을 뽐냈다. 성공하고, 자리 잡은 사람들이 자꾸만 더 빨리 달리라고 이야기했다. 그들을 보며 나는 그들과 나를 비교했다. 나와 약속한 기간이 되었는데도 만족할 만한 성과를 내지 못한 내가 미웠다.

하지만 더욱 막막했던 건 내가 무언가를 잘못한 것도 아니었다는 사실이다. 한 해, 한 해 나는 분명히 성장했다. 처음 기업에게 의뢰를 받아 글을 썼던 해, 출간 계약을 하고 내 이름으로 책을 냈던 해, 온라인 클래스를 만들었던 해, 어려웠던 SNS를 시작했던 해 등 나는 한 해, 한 해 내가 할 수 있는 일들을 하며 발전하고 있었다. 그러니 무엇이 어디서부터 어떻게 잘못된 건지 더욱 알 수가 없었다. '잘 지내냐'고 묻는 친구의 질문엔 눈물만 나왔고, 결국 잠시 일을 쉬며 심리상담을 받아야 했다.

상담을 통해 알게 된 점은 당시 내가 스스로에게, 그리고 남에게도 요구하는 기준이 지나치게 높다는 점이었다. 1부터 100까지 점수가 있을 때 몇 점 이상이면 만족스럽냐는 상담사의 질문에 나는 당연하다는 듯 100점이라고 말했다. 100점이 목표면 100점을 이뤄야 만족스럽다. 100점이 아니면, 계속 100점과의 점수 차이가 마음속에서 맴돈다. 나를 가장 힘들게 한 건 그 누구도 아닌 나 스스로의 완벽주의였다.

이렇게 일과의 권태기에서 허우적대고 있을 때, 의외로 나를 비교의 늪에서 꺼내준 것은 다 괜찮다며 위로하는 에세이도, 주인공이 역경을 극복해내는 소설도 아닌 경제 도서였다. 별 생각 없이 경제 도서를 읽고 있는데 물가지수에 대한 설명이 나왔다. 경제 정책을 제대로 시행하기 위해서는 매년 물가가 얼마나 오르고 있는지, 혹은 유지되거나 떨어지고 있는지를 확인하는 게 중요하다. 그래서 매년 통계청에서는 정해진 수의 품목들을 조사하고, 그 가격이 작년에 비해 얼마나 올랐는지를 측정해 작년 치와 비교한다.

그런데 이 물가를 비교하는 과정이 꽤 복잡했다. 단순히 같은 물품의 가격을 확인한다고 물가를 비교할 수 있는 게 아니었다. 과거에 비해 그 소비재가 사람들의 일상에서 차지하는 중요도가 달라지기도 하고, 같은 물건이라도 성능이 개선되어 달라지기도 하기 때문이다. 예를 들어 라디오 같은 제품은 점점 사람들의 삶에서 이용도가 떨어지기 때문에 물가지수를 산출할 때도 과거에 비해 그 중요도를 낮게 측정해 반영해야 한다.

또한, 휴대전화 같은 경우에는 과거에 출시된 제품과 새로 출시된 제품의 성능이 많이 다르므로 그 점 역시 고려해서 반영해야 한다. 따라서 정확히 물가 변동을 파악하기 위해 통계청에서는 매년 가격변동을 비교할 뿐만 아니라 5년에 한 번씩 기준연도와 품목, 가중치를 변경하는 기준년 개편 작업을 함께 진행한다.

정확한 비교를 위해 얼마나 세세한 부분까지 신경을 써서 비교하는지 알게 되니, 그 당시 한창 남들과의 비교로 괴로워하던 나는 의외의 위로를 받았다. 하다못해 물가를 비교하기 위해서도 그렇게 섬세한 비교를 하는데 지금 내가 하는 무삭위적 비교는 한눈에 보아도 잘못된 비교였기 때문이다. 내가 비교하는 타인과 나는 태생도, 환경도, 그 무엇도 일치하지 않는다. 그런데 무턱대고 같은 사람이라는 이유로 비교를 하고, 그 결과에 절망하는 건 그저 나를 미워하기 위한 하나의 방법일 뿐이었다.

오늘도 인터넷에는 성공을 향해 달리라고, 더 많은 돈을 벌라고 우리를 일깨우는 영상과 글들이 넘쳐난다. 물가지수를 안 이후로도 나는 수많은 비교를 해댄다. 그러나 나도 모르게 비교를 하고 나면 의식적으로 그게 합당하지 않다는 것을 스스로에게 인지시킨다. 어떤 날엔 그것들에 심취해서 고삐를 매어보지만, 결국 나는 나만의 속도를 유지할 수밖에 없다. 나는 자신의 삶을 살아갈 뿐 그 어떤 삶과도 견주어 옳고 그름을 측정할 수 없기 때문이다.

나답게 산다는 것

지하철을 타고 가는데 저 멀리 친구와 통화하는 한 아저씨의 목소리가 들렸다. 자신의 딸은 어느 대학에 들어가고, 아들은 어디 회사에 들어갔는데 그렇게나 잘나간다고 한다. 자식들에 대한 자부심이 반영되어서일까? 아저씨의 목소리는 지하철 한 칸을 가득 채울 정도로 쩌렁쩌렁했다. 솔직히 예전엔 그런 광경을 보면 '왜 저럴까' 눈살이 찌푸려졌다. 그토록 노골적으로 자식 자랑을 할 수 있다는 게 놀라웠기 때문이다. 하지만 부모님 나이대의 어른들과 얘기를 나누다 보니 어른들의 자식 자랑은 어쩔 수 없는 일이자 큰 낙이라 하니 이해하지 못할 바도 아니다.

그런 면에서 나는 부모님께 죄송할 때가 있다. 나의 부모님 역시 자식 사랑이 하고 싶을 때가 분명히 있을 것이기 때문이다. 본가에 살 때는 부모님이 친구분들과 전화통화 하는 소리가 종종 들렸는데, 내 소식을 묻는 친구분들의 질문에 부모님은 항상 명쾌하게 대답할 수 없었다. 회사에 다닌다, 혹은 남들이 알 만한 ○○회사에 다닌다고 간단하게 말할 수 있었다면 부모님의 체면이 좀 더 서지 않았을까? 그런 부분에서 나는 영 도움이 되지 못하는 딸이다.

어느 날 엄마와 함께 산책을 하고 있었다. 공원을 돌며 엄마에게 웃으며 이렇게 이야기했다. "학교 다닐 때는 나도 공부 열심히 했는데, 지금은 제멋대로 살고 있네." 남들처럼 회사도 다니지 않고, 부모님께 용돈도 드리지도 못하는 상황에 대한 미안함이 섞여 있었다. 그런데 엄마는 "제멋대로 사는 게 아니라 개성 있게 사는 거지" 하며 의외의 답을 하는 게 아닌가. '개성 있게 산다'라. 나는 예상치 못한 엄마의 대답에 조금 감동을 받았다.

개성 있게 산다는 건 말이 좋지 어려운 일이다. 개성 있게 산다는 건 남과 다르다는 것이고, 남과 다르다는 건 계속해서 나를 의심하게 된다는 뜻이기도 하기 때문이다. 그나마 젊은 나로써는 스스로의 결정에 대해 개성이라 말할 수 있지만, 기성세대인 부모님 입장에서는 받아들이기 어려웠을 것이다. 그렇기에 엄마의 예상치 못한 '개성 선언'에 나는 깜짝 놀라고 말았다. 그리고 그때부터였을까. 나는 조금 다르게 사는 나를 마음 깊은 곳에서 용서할 수 있게 되었다.

물론 처음부터 부모님의 이해를 받을 수 있던 건 아니다. 초기엔 내 선택을 이해하지 못하던 부모님이었지만, 내가 어떻게 일하는지 조금씩 보여드릴수록 내가 일하는 방식을 존중받게 되었다. 과거에는 내가 쓰는 글, 내가 강의하는 모습을 부모님께 보여드린다는 게 부끄러워 미칠 것만 같았다. 내 작업물의 결과가 부족하다고 생각할수록 더욱 부모님께 보여드릴 수가 없었다.

하지만 꼭 완벽하지 않아도 괜찮다고 스스로에게 허락했을 때부터 조금씩 나의 작업들을 세상과 가족들에게 공개할 수 있었다. 그리고 부족한 모습을 드러내고, 사람들이 그것을 있는 그대로 좋아해줄수록 나 역시 자신의 모습을 더욱 긍정할 수 있게 되었다.

결국 스스로에게 줄 수 있는 가장 큰 선물은 가장 나다운 모습으로 사는 것이라고 생각한다. 가지지 못한 것에는 항상 아쉬움이 남아 다른 삶을 살아가는 사람들의 모습에 항상 부러움과 동경을 느낄 것이다. 하지만 결국엔 지금 내가 선택한 이 인생이 가장 최선의 선택이라고, 나 자신을 이해하고 인정할 수 있을 때 행복이 내 안에 있다.

오늘이 만드는 내일

친구들과 모이면 틈만 나면 하는 이야기는 '로또가 되면 무엇을 할 것인가', '돈 많은 백수라면 얼마나 좋을까'이다. 친구 A는 자신의 이름으로 된 복지재단을 세우겠다고 말했다. 친구 B는 퇴사를 하고 세계여행을 다닐 것이라고 했다. 나는 서울에 하나, 뉴욕에 하나 집을 사서 기분 따라 거취를 옮길 것이라고 말했다. 거의 10년 이상을 만난 친구들이고 같은 얘기를 수십 번도 더 나누었는데, 우리는 이 주제가 나오면 매번 처음 얘기하는 사람들처럼 달뜬 마음으로 각자의 욕망을 풀어놓았다.

경제적으로 자유롭게 자신이 하고 싶은 것을, 하고 싶은 때할 수 있다는 건 얼마나 멋질까? 일하기가 싫을 때면 더더욱 그

옵션은 매력적으로 느껴진다. 하지만 뉴욕의 세컨드하우스를 꿈꾸는 것과는 별개로 사실 마음 깊은 곳에서는 시간을 기꺼이 잡아먹고 골머리를 썩히며, 나를 끙끙대게 만드는 일거리가 있다는 것이 참 다행이라 생각한다. 오랜 동안 프리랜서이자 반백수로 지내며, 몰두할 수 있는 일이 없을 때의 길 잃은 느낌을 잘 알고 있기 때문이다.

아무도 나에게 바라는 것이 없는 환경에서 가볍게 사는 것도 처음 얼마간은 좋다. 책임질 것도, 부담을 느낄 것도 없기에 어깨가 가볍고, 당장 기분이 좋아지는 활동이나 콘텐츠에 마음껏 시간을 투자할 수도 있다. 하지만 시간이 지날수록 괜히 생각이 많아진다. '이렇게 내 한 몸의 즐거움만 좇으면서 사는 생활이 도대체 무슨 의미가 있는 걸까' 하는 질문을 피할 수 없기 때문이다.

나에게 원치 않는 역할이 주어지는 건 싫지만, 막상 그 부담을 걷어내면 존재가 너무 가볍다. 사회는 물론 나 역시 스스로에게 무엇을 기대해야 할지 모를 때 나라는 사람은 바람 빠진 풍선처럼 위로, 위로 떠올라서는 결국 바닥으로 내리꽂히고 만다. 오늘 하루도 졸린 눈을 비벼 뜨고, 자리에서 일어나야 할 이유를 찾지 못하는 것이다.

결국 사회에 어떤 가치도 제공하지 않고, 온전히 소비자로서 존재하면서도 무너지지 않으려면 적지 않은 자존감이 필요하다. 애석하게도 나는 아직 그 정도 수준은 못 되는 것 같다. 그래서 내 마음 같지 않은 고객을 만나 속상할 때, 생계를 위해 선택권 없이 일을 해야 할 때, 오늘은 무슨 글을 써야 하나 답답할 때에도 잔뜩 투정을 부리지만, 마음 한편에서는 그래도 다행이라는 마음을 잊지 않으려 한다.

　이 사회에서 내가 맡을 수 있는 역할이 있다는 것, 그래서 다른 사람에게 조금이라도 기여할 수 있다는 것이 오늘의 나를 일으킨다. 이미 벌어져 버린 삶이라는 사건에서 일을 통해 존재의 의미를 가질 수 있다는 것이 감사하다.

　특히 일은 매 순간 나를 몰아붙이면서 과거에 내가 스스로에게 규정했던 모습을 탈피하게 만든다. 일은 당연히 회사원이 될 거라는 내 고정관념에서 벗어나, 혼자 결정하고 혼자 일할 수 있는 사람으로 나를 몰아붙였다. 생전 관심 없던 돈 관리에 대해 공부하고 상담하고 교육하게 만들었다.

　업무적으로 한 걸음 나아갈 때마다 또다시 나아갈 수 있는 코앞의 지점이 보인다. 그러면 좋든 싫든, 살아남기 위해서는 과거의 나를 버리고 그 지점으로 나아가야 한다. 그렇게 한 걸음, 한 걸음 나아가다 보면 '이게 나야', '나는 이런 사람이야'라고 믿었던 것에서 벗어나 완전히 새로운 모습을 발견하게 된다.

새로운 일에 도전할 때면 매번 가슴이 떨리고 불안하다. 하지만 그렇게 예상치 못한 내가 되는 하루하루가 그렇게 나쁘지만은 않다. 한 걸음 한 걸음 걸어오다 보니, 내가 될 수 있을 거라고 생각한 나보다 더 나은 내가 되었기 때문이다. 설사 부족한 부분이 있다 하더라도 지금의 내 모습이 끝이 아니라는 것 역시 알게 되었다.

십 년 뒤, 그리고 이십 년 뒤에 나는 어떤 모습이 되어 있을까? 일은 또 나를 어떤 곳으로 데려가 줄까? 한 치 앞도 알 수 없는 지금의 일상은 불안하지만 동시에 설렌다. 알 수 없다는 것은 그만큼 많은 가능성을 뜻한다. 아무리 내가 멈추고 싶어도, 주저앉고 싶어도 일과 생계는 나를 한 걸음 앞으로 몰아붙일 것이다. 나의 비전이나 열정보다도 눈앞의 일이 몰아붙이는 성장을 믿기에, 보이지 않는 앞날도 이제는 그다지 두렵지 않다.

세상에 쓸모 있는 사람이 되고 싶다.

하지만 그 쓸모를 위해

인생의 즐거움을 지불해야 한다면

쓸모 있는 사람이란 타이틀 따위는 거절한다.

뭣도 없어 보이지만

어쩐지 즐거운 사람이 되는 것도 그런대로 좋다.

3부

쓸모보다는 즐거움에 기댈게요

일단 살고 싶어야

버틸 거 아니겠어요?

왜 살아야 할까?

고민이 없으면 만들어서라도 해냈던 학창 시절. 친한 친구 A 는 틈만 나면 나에게 묻곤 했다. "왜 사는 걸까?" 그럴 때면 조심스레 물어본 그녀의 태도와는 달리 나는 "그냥 태어났으니까 사는 거야"라고 대답했다. 생사에 초연한 사람이 되고 싶었던 건지, 도대체 왜 그런 대답을 했는지는 잘 모르겠다. 다만 어렸을 때부터 살면서 무언가를 이룬다, 성취해낸다는 것에 대해 큰 의미를 느끼지 못했던 것 같다. 내 시큰둥한 대답이 재미없어진 친구는 더 이상 '왜 사냐고' 묻지 않았지만, 삶이 힘들어질 때면 내 쪽에서 먼저 그 질문이 떠오르기도 했다. "나, 왜 살고 있지?"

그래서 한동안 산다는 게 무엇인지 진지하게 고민했다. 일단 살아 있다는 건 죽은 것의 반대다. 죽은 건 더 이상 움직이지 않는 거지. 그렇다면 살아 있다는 건 움직인다는 것이겠구나. 생동감이 있다는 것. 몸과 마음, 표정이 살아 있는 게 진정 살아 있는 게 아닐까? 그렇다면 숨을 쉰다고 해서 다 잘 살아 있는 건 아니겠구나. 몸과 마음, 표정이 살아 움직이는 삶을 살고 싶다고 나는 어렴풋이 생각하곤 했다.

'살아 있다는 건 무엇일까'라는 질문은 특히 사람으로 빼곡한 아침 지하철을 탈 때면 생생하게 떠오른다. 도대체 삶이 무엇이기에 졸린 눈을 비비며 이 지하철 인파를 견뎌내야만 하나, 그런 생각이 드는 것이다. 몸에 힘을 주지 않아도 서 있을 수 있는 지경의 지하철에서 조용히 눈을 감고 나는 깨달았다. 왜 사는지 자꾸 묻게 된다는 건, '왜 살지?'라는 질문이 떠오를 만큼 '살고 싶은 마음'이 들지 않는다는 뜻이란 걸 말이다.

사실 중요한 것은 '왜 사는지' 같은 질문의 답이 아니었다. 삶은 이유가 있어서 사는 게 아니다. 그 어떤 부모도 자신의 아이가 자라 사회에서 어떤 역할을 하고, 무엇을 이루어야 하기 때문에 아이를 임신하지 않는다. 출산율이 떨어지고 있으니 노동력을 생산해 국가에 도움이 되어야 한다는 마음으로 아이를 낳지도 않는다. 그저 아이가 행복한 사람이 되길 바랄 뿐이다. 좋은 일을 하고, 무언가를 성취하는 것도 기본적으로 살아 있어야 가능한 일이다.

결국 중요한 건 왜 살아야 하는지 그 이유보다는 그런 질문이 들지 않게끔 '사는 게 참 좋다'고 느끼는 것이다. 보통 나에게 그런 순간들은 하등 쓸모없는 일을 할 때가 많았다. 카페 테라스에 앉아 불어오는 바람을 느끼거나, 친구들과 시시껄렁한 얘기를 하면서 시간을 보낼 때, 하물며 넷플릭스 시리즈를 마음껏 정주행할 수 있을 때의 여유 같은 것들이 삶에 활력을 불어 넣어준다.

누군가는 '그런 걸 왜 해?'라고 묻겠지만, 그렇게 할 이유가 없지만 하고 싶은 것이 있다는 게 삶의 즐거움이 아닐까? 아무리 많은 것을 이루었다고 하더라도 이유 없이 하고 싶은 그저 좋은 일이 없다면 너무나 팍팍하다고 생각한다.

애석한 일이지만, 그런 쓸모없는 일을 하는 것도 쉬운 일은 아니다. 세상에 쉬운 일이 없다더니 쓸모없는 일을 하는 것까지 쉽지 않다. 쓸모없는 일도 어느 정도 에너지가 남아 있어야 가능하기 때문이다. 하고 싶고, 무언가를 누리고 싶은 마음은 그냥 생기지 않는다. 에너지와 애정, 노력, 시간 같은 것들이 투여되었을 때 비로소 이유가 없더라도 좋은 것들을 찾을 수 있다.

그렇기에 쓸모없는 일을 한다는 건 굉장히 사치스러운 일이기도 하다. 매일 야근을 하며 잠을 잘 시간도 없는데 쓸모없는 일에 시간을 쓴다? 불가능하다. 당장 생활비가 빠듯한 데 쓸모없는 장난감을 사는 데 돈을 쓴다? 이것 역시 불가능하다. 결국 쓸모없는 일을 삶에 끼워 넣는 것은 그 무엇보다 호사스러운 일이다.

쓸모없는 일을 하는 건 용기 있는 일이기도 하다. 시간이 금이라고 말하는 각종 시간 관리 책들이 즐비한 세상이다. 친구들, 동료들은 한 발자국 더 나아가기 위해 지금 이 시간에도 열심히 달리고 있다. 그런데 그 와중에 갑자기 나 혼자서 쓸모없는 일을 하며 시간을 보낸다니. '빨리빨리'를 외치는 생산성의 나라 대한민국에서 쓸모 대신 즐거움을 찾는다는 것은 여간 용기가 필요한 게 아니다.

이렇게 쓸모없는 일은 많은 자원과 용기가 필요하지만, 그럼에도 내가 왜 이 삶을 살아야 하는지 가장 설득력 있는 이유를 제공한다. '왜 사느냐'는 질문에 자신 있게 '살고 싶으니까!'라고 대답할 수 있게 만든다. 그래서 나는 더 많은 시간과 돈, 에너지와 애정을 쓸모없는 일에, 나를 하루 더 살고 싶게 만드는 일에 쓰고 싶다. 더욱 적극적으로 쓸모없지만 즐거운 일들을 찾아나가고 싶다. 그거야말로 인생을 잘사는 것이라고, 나는 쓸모없이 보내버린 수많은 시간 뒤에야 콧노래를 흥얼거리며 이야기할 수 있게 되었다.

다른 뇌를 쓰고 싶어

요즘 공들이고 있는 취미는 그림 그리기이다. 보통 나의 일은 글쓰기, 말하기 같은 논리와 관련되어 있다. 여러 가지 자료를 읽고, 생각하고, 쓰는 일은 적성에 잘 맞는 편이지만 아무리 적성에 맞더라도 하루 종일 그런 일을 하고 있으면 모든 게 피로해진다. 작은 글씨를 읽는 것도 힘들고, 흰 바탕에 검은 글씨가 쓰인 것들을 뚫어서라 보고 있자면 두통까지 온다. 그래서 나는 언제부턴가 그런 뇌를 쓰지 않아도 되는 취미들, 특히 그림을 보거나 그리는 일에 관심을 갖게 되었다.

사실 나도 내가 그림에 관심이 있는 사람이라고는 전혀 생각하지 못했다. 좋아하는 그림 작가가 있다거나, 그림을 빼어나게 잘 그리지 못했기 때문이다. 다만, 교환학생을 갔던 시절에 박물관과 미술관에서 보내던 시간이 참 충만했다는 것 정도는 기억하고 있었다. 대학생 때 교환학생으로 미국에 갔는데 겨울 방학에는 동부의 도시들을 돌며 여행을 했다. 날도 추운 겨울에 여행을 하려니 힘들었던지라 나는 방문하는 도시마다 미술관이 있으면 따뜻한 그곳에서 많은 시간을 보냈다.

미술관은 참 고요한 곳이었다. 일단 높은 천장을 가진 건물에 들어가 조용한 공기를 마시며 숨 쉬는 게 좋았다. 미술의 미음 자도 몰랐지만 혼자 이런저런 그림을 보며 '이건 참 좋다', '이건 뭔지 모르겠다'라며 스스로 판단을 내렸다. 바깥세상은 너무나 시끄럽고 혼란스러운데, 그 안은 너무나 조용했다. 정갈하게 정돈된 작품들을 숨죽여 바라본 시간들은 타국 생활로 지친 마음에 에너지를 채워주었다. 그때부터였을까? 국내에 돌아와서도 마음이 힘들 때면 종종 근처의 미술관을 찾았다.

가장 기억에 남는 전시는 예술의 전당에서 관람했던 마크 로스코의 전시다. 기대와 다르게 흘러간 인간관계에 상처받고 지쳐 있었을 때, 아무 정보도 없이 당시 예술의 전당에서 진행하던 마크 로스코의 전시를 보러 갔다. '스티브 잡스가 사랑한 작가다', '많은 사람이 눈물을 흘렸다'는 홍보 문구를 보고서도 시큰둥했다. 사실 음악을 듣거나 미술 작품을 보며 눈물을 흘려본 적이 없기에, 나는 도대체 그게 가능한 일인지 의문을 품곤 했다. 심지어 '연기하는 거 아니야?' 하고 진심을 의심하기도 했다. 어찌 되었든 그냥 조용한 곳에 가서 쉬고 오고 싶은 마음뿐이었다.

그렇게 찾아간 마크 로스코 전시에는 큰 캔버스를 빼곡하게 색으로 채운 추상화들이 가득했다. 특별한 모양이나 무늬가 있던 것도 아니고, 그저 가득 채워진 색이 전부였다. 가득 채운 색들이 작은 그림, 큰 그림, 밝은 그림, 어두운 그림으로 다양하게 있었다. 그중 짙은 갈색으로 채워진 큰 그림 앞에는 방석이 놓여 있었는데, 나는 그 방석에 앉아 하염없이 그림 속 어둠을 바라보았다.

삼십 분에서 한 시간 정도 물끄러미 그 어둠을 보고 있는데, 그 어둠이 지금 내 마음속에 있는 어둠 같기도 하고, 이 모든 것을 품어주는 어둠 같기도 해서 찡했다가 편했다가 하며 마음이 꿈틀거렸다. 괜히 찔끔 눈물이 나올 것 같기도 했다. 결국 사람을 울게 하는 건 눈앞의 음악, 미술작품이 아니라 그것과 공명하는 내 안의 이야기가 아닌가 생각하게 되었다.

최근에는 남의 그림을 보기보다는 내 그림을 그리며 논다. 항상 그림을 잘 그리는 사람을 보면 부러웠다. 하지만 그림을 잘 그리는 데까지 드는 엄청난 시간과 노력을 할 생각은 없었기에 부러워하기만 했다. 그런데 아이패드를 손에 넣을 때까지 아이패드가 머릿속에서 떠나지 않는다는 아이패드병에 걸려버렸다. 결국 병에서 낫고자(?) 아이패드를 구입했고, 나에게는 부담 없이 그림을 시도할 수 있는 수단이 생겼다. 혼자 이런저런 온라인 클래스를 수강하며 사부작사부작 그림 그리기를 시도했다.

내가 그린 그림은 비율도 맞지 않고, 선도 삐뚤빼뚤해서 누가 보아도 잘 그린 그림은 아니다. 하지만 그렇게 그림을 그리고 있노라면 내 안의 유치원생이 깨어나 즐거워하는 기분이 든다. 이런저런 선을 그려보는 것, 어떤 색이 어울릴까 고민하고 아무 생각 없이 색칠하는 것 모두 나에게 큰 즐거움을 준다.

이유 없는 불안감이 몰려오는 오후면 나는 책상을 펴고 아이패드를 켠다. 온갖 그림이 모여 있는 그림 사전을 펴면 내가 따라 그릴 수 있는 그림이 한가득 들어 있다. 평생을 그려도 이 책에 있는 그림은 다 따라 그리지 못할 것 같지만, 그러면 또 어떤가. 하나씩 하나씩 내가 따라 그린 그림을 동그라미 치며 즐거워하니 그것으로 된 것 아닐까?

요즘 따라 사는 게 너무 피곤하다면, 익숙하지 않은 새로운 영역에 뛰어들어 보는 건 어떨까? 몸을 쓰는 사람은 머리를 써보고, 머리를 쓰는 사람은 몸을 써보는 것이다. 난데없이 알지도 못하는 발레 공연을 본다거나, 왜 다시 내려올 산을 굳이 올라가는가 싶던 등산을 해보아도 좋다. 나 역시 과거에는 '사진을 찍으면 내가 본 이미지가 바로 완성되는데, 그림을 그리는 이유는 뭘까?' 하고 로봇 같은 생각을 했다.

하지만 내게 익숙지 않은 것, 나와는 어울리지 않는다고 생각했던 것을 시도해보니 잠자던 본성이 깨어나기 시작했다. 평소 엄청나게 부려먹었던 나에게 잠깐의 휴식을 주자. 못 해도 할 수 있다는 게 취미의 장점 아닌가. 일단 시작해보면, 나를 가로막던 건 내 편견 뿐이었음을 깨닫게 된다.

매일매일 다른 오피스

프리랜서로 일하며 가장 좋은 점은 일하는 장소에 구애받지 않는다는 것이다. 나는 한 곳에서 오랫동안 있는 것을 미치도록 싫어한다. 할 일이 있든 없든 한 자리에서 그 자리를 지키며 있어야 한다는 게 고문처럼 느껴진다. 학창 시절에 가장 힘들었던 점도 공부를 많이 해야 한다는 게 아니라 오랜 시간을 마치 감옥에 갇힌 듯이 한 자리를 지키고 있어야 한다는 점이었다. 그래서 고등학생 때는 부모님과 의논한 후 야간 자율학습에 빠지겠다고 선생님께 말씀을 드렸는데, 그렇게 유난을 떠는 것은 너밖에 없다며 호되게 혼이 났던 기억도 있다. 나도 유난을 떨기는 싫었지만 어쩌겠는가, 싫은 건 싫은 건데.

지금은 내키는 곳에서 내키는 만큼 일할 수 있다는 게 너무나 큰 축복으로 여겨진다. 이 장점을 살려 나는 그날그날 일하고 싶은 곳에 가서 일을 한다. 지역에 있는 청년들을 위한 공유 오피스에 가서 일하기도 하고, 근처 카페에 가서 일하기도 한다. 이제 조금 익숙해진 우리 동네에는 다양한 특징을 가진 카페들이 여러 곳 있다.

넓은 창이 좋은 프랜차이즈 카페, 조용한 분위기가 두드러지는 개인 카페, 매번 귀여운 강아지가 반겨주는 애견 동반 가능 카페 등 각각의 카페는 저마다의 특징을 자랑한다. 그래서 왠지 귀여운 위로가 필요한 날엔 강아지가 있는 C 카페에 가고, 탁 트인 전경을 보고 싶을 땐 프랜차이즈 A 카페에 간다. 하루 종일 아무 말도 못 하는 날이 길어지면 따뜻하게 인사를 건네주는 동네의 B 카페에 갈 준비를 한다. 이렇게 그날그날의 기분과 상태에 따라 다른 곳에서 일을 하면, 분명 같은 일을 하고 있지만 그게 그렇게 싫지 않다.

특히 일과의 권태기가 심할 때는 훌쩍 근처의 바닷가로 떠나기도 한다. 버스로 두 시간 정도를 달려가면 근교에 있는 바닷가에 갈 수 있다. 요즘의 바닷가들은 자본주의화가 잘 되어 있어(?) 꼭 해변가에 카페들이 자리하고 있다. 일할 게 많아 쉴 수는 없는데 마음이 답답할 때는 그런 바닷가의 카페에 가서 창밖을 보며 일한다.

커피 한 잔 값으로 쾌적한 공간과 시원한 뷰가 있는 작업실이 생기니, 잔뜩 좁아져 있던 마음의 크기도 넉넉해진다. 더군다나 카페 작업실은 어마어마한 보증금이 필요하지도, 주기적인 청소와 관리가 필요하지도 않으니 금상첨화. 단순히 원하는 곳에서 일할 수 있다는 옵션 하나만으로 일상이 한층 더 행복해진다.

왜 이렇게 한 공간을 견디지 못하는지는 나도 잘 모르겠다. 매일 비슷비슷하게 굴러가는 일상이 어제가 오늘인 듯, 내일이 모레인 듯 헷갈리기 때문일까? 매일 같은 일상은 도배한 지 오래된 벽지처럼 쉽게 칙칙해진다. 조금이라도 내 일상에 특별한 무언가, 새로운 무언가가 있었으면 좋겠다. 그래서 하루하루 비슷한 일상일지라도 그곳에 한 줌의 반짝이를 흩뿌리고 싶은 것이다.

어쩐지 인생이 재미없다면 똑같은 일상이라도 다르게 해볼 수 있는 방법은 없는지 찾아보면 어떨까? 나처럼 꼭 사무실을 이리저리 옮기는 것만이 답이라고는 생각하지 않는다. 책상 위에 꽃병을 놓아보거나, 매일 듣던 음악이 아닌 새로운 음악을 들으며 출근하는 것만으로도 같은 일상이 조금은 달라질 것이다.

나의 부모님이 사는 본가 거실에는 추위를 막기 위한 창문 뽁뽁이에 단풍잎들이 붙어 있다. 어느 가을날, 산책을 나갔던 아버지가 가져와 창문에 장식해둔 것이다. 그 단풍잎을 볼 때마다 60대 아저씨에게서 어떻게 저런 감성이 나온 것일까 신기해하곤 한다. 61년생인 우리 아버지도 하는데, 그보다 더 젊은 우리도 할 수 있다. 어디에서 어떤 모습으로 살든 조금의 노력으로 색다른 하루를 만들어나가는 것이 생활의 지혜가 아닐까?

가마니가 되고 싶다

'지금도 가만히 있지만, 더 가만히 있고 싶다'라는 짤을 본 적이 있다. 유익하고 있어 보이는 취미도 좋지만 일에 치이고 사람에 치일 때나 생리 전 등 가마니가 될 정도로 가만히 있고 싶을 때도 있는 법이다. 어떤 취미도 시도할 에너지가 없고 가만히 누워서 영상이나 바라봐야 할 때가 있는데 나는 그것도 그렇게 나쁜 취미는 아니라 생각한다.

특히 유튜브와 넷플릭스의 등장으로 '가마니 타임'의 질이 수직상승했다. 한 달에 만 원 정도면 전 세계의 영화, 드라마, 다큐멘터리 등 영상 작품들을 자유롭게 시청할 수 있으니 아무 생각하고 싶지 않을 때 딱이다. 특히 넷플릭스에는 외국 드라마가 많아 부잣집 도련님과 사랑에 빠지는 한국 드라마에 질릴 대로 질릴 때 보기 좋다.

내가 재미있게 본 프로그램은 <너의 모든 것>, <빌어먹을 세상 따위>, <OA> 등이다. 사랑이라는 이름으로 스토킹을 자행하며 각종 범죄를 저지르는 주인공을 보여주는 <너의 모든 것>은 1인칭 시점의 주인공에게 이렇게 거부감을 느낄 수도 있구나 하는 것을 느끼게 한 최초의 작품이었다. <너의 모든 것>을 보고는 나에게 열렬한 사랑을 퍼부어주며 내 성공을 도와주지만, 사실은 스토커인 범죄자 남자친구가 어떠한지 친구와 진지하게 토론을 벌였다.

<빌어먹을 세상 따위>는 비뚤어진 두 명의 십 대가 가출을 하며 벌어지는 이야기를 다뤘다. 본인이 사이코패스라고 생각하는 남주인공과 분노조절장애를 가진 여주인공이 서로를 아끼게 되면서 변화하는 모습들은 인상 깊다. 특히 자신을 사이코패스라고 생각하는 남주인공은 회를 거듭할수록 원래 죽이고자 했던 여주인공에게 꼼짝하지 못하는 귀여운 모습을 보여준다.

마니아층이 깊은 드라마 <OA>는 교통사고로 사후세계를 경험한 주인공 프레이리가 미친 과학자에게 납치를 당해 사

후세계를 밝히는 실험에 동원된다. 대의를 위한다는 명분으로 끔찍한 실험을 반복하는 과학자를 보며 혀를 내두르고, 어떻게 주인공이 이곳을 탈출할지 주의를 기울이고 있으면 시간이 훌쩍 가버린다.

이렇게 나열해놓으니 나는 어둠이 담긴 작품들을 좋아하는 듯싶다. 주인공이 고통을 겪을 때면 못지않게 함께 스트레스를 받고, '왜 스트레스를 받으면서도 이걸 보지?' 하는 마음이 들지만 어쩔 수 없다. 현실에서는 불가능한 화면 속의 사건, 사고들은 잔잔한 일상에 뿌려지는 자극적인 조미료가 된다. 넷플릭스를 너무 많이 볼 때는 괜한 죄책감이 느껴져 구독을 중지하기도 하지만, 금세 시간이 지나면 다시 넷플릭스를 구독하고 있다. 다양한 사건, 사고가 벌어지는 가상세계는 어쩔 수 없는 길티 플레져(어떤 일에 대해 죄의식을 느끼면서도 그것을 좋아하고 즐기게 되는 심리)다.

넷플릭스를 볼 기운마저 없는 날엔 이미 보았던 유튜브의 브이로그를 반복 재생한다. 때로는 드라마의 다이내믹한 전개를 따라가기조차 피곤하다. 그런 날 평범한 일반인의 브이로그를 보면 나의 일상과 크게 다르지 않다. 별다른 이벤트도 없고 오늘은 무엇을 먹고 무엇을 입었는지, 어떤 생각을 하였는지가 주된 내용이다. 하지만 그냥 씻고, 집안일을 하고, 일을 하는 예측 가능한 전개들이 그런대로 나쁘지 않다. 잔잔하게 흘러가는 브이로그를 보면서 나도 내 하루를 잔잔하게 정리한다.

가만히 누워서 다이내믹한 경험을 하고, 다른 사람의 삶을 엿볼 수 있는 스크린 속 세계는 참 매혹적이다. 아무것도 생각하고 싶지 않고 조금도 움직이고 싶지 않은 날, 달고 자극적인 먹거리를 잔뜩 준비해두고 그 속에 나를 잃어버리고 싶다. 답이 보이지도, 해결되지도 않는 현실 속의 고민을 잠시라도 잊기 위해 우리는 오늘도 스크린 속 세상에 나를 맡긴다.

섹시함에서 생존으로

이십 대 중반에 보디빌딩 대회에 나간 적이 있다. 교환학생으로 미국에 다녀온 후 찐 살을 빼기 위해 일 년 동안 헬스에 매진한 뒤였다. 그동안 친해진 헬스장 관장님의 추천으로 작은 지역 대회에 신청했고, 한 달간 고구마와 닭가슴살만 먹으며 연명했다.

먹고 싶은 것도 제대로 못 먹고 무리하게 운동을 하니 어찌나 화가 나든지. 힘이 들어 운동을 하다 벤치를 주먹으로 쾅쾅 내려치기도 하고, 운동을 하고 돌아오는 길에 친구에게 전화를 걸어 울음을 터뜨리기도 했다. 그래도 재미있는 경험이었다. 그때는 유튜브 구독 목록에 외국 피트니스 모델들이 가득했는데, 대회를 준비하는 동안만은 나 역시 그런 사람들 중 한 명처럼 느껴졌기 때문이다.

당시에는 열심히 운동을 하고 철저하게 식단 관리를 했지만, 그건 정말 나를 위해서라기보다는 다른 사람에게 내가 멋있이 보이기 위해서였던 것 같다. 운동하는 여자가 새로운 섹시함의 코드로 부상하던 시기였고, 나 역시 그런 사람이 되고 싶었다. 하지만 대회 준비에 매진할수록 내 일상은 흐트러졌다.

건강상으로는 이미 마를 대로 말랐지만 대회를 위해서는 체지방을 더 감량해야 했다. 어떻게 하면 내 근육이 더 예쁘게 보일지 고민하며 포즈를 연습하면서는 '내가 지금 뭘 하고 있는 거지?' 하는 생각이 들었다. 대회를 마치고 나는 어쩐지 다시 헬스장으로 돌아가고 싶지 않았다. 섹시함을 위해 운동하는 것은 문제가 아니지만, 이번 경험을 통해 해볼 만큼 해봤다는 생각이 들었기 때문이다.

그 뒤로 몇 년 동안 운동은 쳐다보지도 않다가, 다시 몸을 움직이기 시작한 건 독립을 하고 난 후였다. 당시의 나는 외딴 곳으로 이사를 와서 생활 범위도, 활동 반경도 잔뜩 위축되어 있었다. 가던 곳만 가고, 혼자 지내는 생활이 이어지다 보니 나라는 사람 자체도 쪼그라들 지경이었다. 마침 입주를 하고 받아든 각종 전단지에는 지역의 평생교육센터 홍보물이 포함되어 있었다. 나는 뭐라도 해야겠다는 마음으로 가장 무난한 요가 수업에 등록했다.

첫 수업 시간, 쭈뼛쭈뼛 요가 매트를 들고 강의실에 갔다. 처음 만난 사람들이 으레 그렇듯이 어색하게 목례만 하고 수업을 기다렸다. 정식 요가 학원이 아니어서인지 환경은 열악했다. 강의실은 차가웠고, 방안을 인도로 바꿔줄 음향 시설 또한 없었다. '아무리 저렴하다지만, 이래도 돼?' 어색함과 추위를 이겨내기 위해 목과 어깨, 팔 스트레칭을 해보았다.

수업이 시작됐다. 스피커가 없어 요가 선생님의 휴대전화로 음악을 튼 강의실 안의 공기는 차디찼다. 하지만 열악한 강의실 환경에 당황했던 선생님은 수업이 시작되자 달라졌다. 그녀의 지도에 따라 누웠다, 엎드렸다, 일어났다를 50분간 반복하고 나자 몸에서 땀이 나고 기분이 좋아졌다. 비록 강의실 환경은 열악했지만 선생님만큼은 실력 있는 전문가였다. 수업이 끝났을 때 처음의 불평불만은 사라지고, 뿌듯한 만족감만이 남았다. 다시 몸을 움직이고 나서야 내가 얼마나 이 개운함을 그리워했는지를 알게 되었다.

그렇게 월요일과 수요일 저녁엔 요가 수업을 가는 것이 일상으로 굳어졌다. 단지 일주일에 두 번 있는 운동 수업일 뿐이었지만, 규칙적으로 정해진 스케줄이 생긴 것이 나에게 큰 도움이 되었다. 소소하게 대화를 나눌 수 있고, 뒤뚱거리며 몸을 움직이다 보면 마음의 기지개가 켜졌다. 아무 연고 없는 곳에서 적응하고자 버둥거리던 때, 저녁 7시 요가 매트를 펴면 그 순간만큼은 '이것도 없고, 저것도 없는 나'가 아닌 '여기에 있는 나'에 몰입할 수 있었다.

코로나19로 오프라인 요가 수업이 없어지고 나서는 집에서 혼자 요가를 한다. 아침에 일어나서 한 번, 자기 전에 한 번 요가 매트를 깔고 유튜브를 보면서 간단한 요가 시퀀스를 따라 한다. 내가 좋아하는 요가 채널은 '돕요가'인데, 시간별로 다양한 요가 영상들이 있고 초보자가 따라 하기에 부담 없는 영상이 많다. 나는 가장 시간이 짧은 15분 영상만 따라 하곤 하는데, 이래도 운동이 되나 싶지만 억지로 무리하지는 않으려 한다. 이제는 섹시함이 아닌 생존이 중요하니까. 몸에 큰 변화를 가져오지 못할지라도, 개운하게 하루를 시작하고 편안하게 하루를 마감할 수 있는 움직임 정도면 충분하다.

똑같이 운동을 하더라도 어떤 마음으로 그것을 하는지에

따라 모든 것이 달라진다. 이제 내 운동의 결과를 평가하는 것은 모르는 심사위원의 눈이 아닌 내가 매일 느끼는 감각과 느낌이다. 시간에 따라 사람의 가치관은 끊임없이 변화한다. 바둥거리며 섹시함을 얻고자 했던 과거의 나도 귀엽다고 생각한다. 하지만 역시 오늘의 나는 편안한 만큼, 편안한 수준에서 한 뼘씩 나아가는 지금의 방식이 마음에 든다.

꽃을 사는 마음

독립을 하고 안 하던 일을 하기 시작했다. 바로 꽃집에 들러 꽃을 사는 것이다. 맨 처음 꽃을 산 이유는 단순했다. 방에 꽃을 꽂아두는 사람이 멋있어 보였기 때문이다. 책상 한편, 혹은 침대 옆 협탁 위에 꽃이 있는 사람을 보면 왠지 저 사람은 나머지 일상들까지 잘 정돈하고 살 것 같았다. 그래서 나도 꽃을 사보았다. 들어가는 게 익숙지 않은 꽃집에 들어가 어색하게 화병에 꽃을 꽂을 사고 싶다고 이야기했다.

　그렇게 처음 샀던 꽃은 카네이션이었다. 어버이날 선물하는 새빨간 카네이션 대신 연분홍 색상의 하늘하늘한 카네이션을 보면서 이게 내가 알던 그 꽃인가 싶었다. 생활용품점에서 무난한 유리 화병을 사고, 배운 대로 줄기를 잘라 화병에 꽂았다. 그리고 꽃집에서 포장할 때 묶어준 예쁜 노끈을 화병에 묶으니 '어라?' 꽤 그럴싸했다.

한순간에 어지러운 자취방이 어엿한 어른의 방으로 탈바꿈한 느낌이었다. 몇 번이나 '예쁘다, 예쁘다'를 외치며 감탄하고, 사진도 찍어두었다. 아무도 올 일 없는 자취방에서 이 꽃을 볼 사람은 나밖에 없었지만, 바로 그랬기에 굉장히 호사스러운 느낌이 들었다.

이후 내 방에는 많은 꽃이 찾아왔다. 노란빛이 화사한 프리지어가, 인스타그램에서 자주 보던 라넌큘러스가 찾아왔다. 언제 봐도 어여쁜 장미들과 커다랗게 만개하여 나를 놀라게 한 작약도 있었다. 그리고 이 글을 쓰고 있는 지금 책상 한편에선 방울꽃을 닮은 캄파눌라와 이름을 알 수 없는 여름 꽃들이 나를 바라보고 있다.

꽃을 구입할 때는 항상 이름을 물어보는데, 외국 꽃들은 이름이 너무 어려워 잘 알아듣지 못할 때가 많다. 그래도 마치 잘 알아들은 양 '아, 그렇구나' 하고 사장님께 고개를 끄덕인다. 앞으로도 꽃을 살 때마다 한 번씩 들으면 점차 익숙해질 테니 너무 조급하게 굴 필요는 없다.

나는 아직 많은 꽃을 알지 못하기 때문에, 특정 꽃을 생각해두고 사기보다는 그때그때 추천을 받는 편이다. 어느새 단골이 된 꽃집 사장님은 향이 좋은 꽃, 여름을 알리는 꽃 등 때에 따라 적절한 꽃을 추천해주어 고민을 덜어준다. 가끔 '이 꽃은 별로인 것 같은데?' 하고 생각할 때도 있지만, 일단 전문가의 말을 믿고 보면 역시 '아, 예쁘구나' 하고 몰랐던 아름다움을 알게 된다.

내가 가는 단골 꽃집은 시장을 다녀오는 길에 위치해 있다. 한 손에는 시장에서 산 음식을 들고, 다른 한 손에는 꽃집에서 산 꽃을 들고 집에 올 때면 어느 누구도 부럽지 않다. '내가 나에게 먹을 것과 꽃을 사줄 수 있는데 남자가 왜 필요하지?' 기분이 좋은 날은 짐짓 이런 허세를 부리기도 한다. 그렇게 작은 꽃다발 하나를 들고 오는 날이면 사람들의 시선이 나에게, 아니 내 꽃에게 꽂히는 게 느껴진다. "꽃이 참 예쁘네요"라는 칭찬이라도 듣는 날이면 태연한 표정으로 대답하지만 가슴은 기분 좋은 뿌듯함으로 가득 차오른다.

하지만 무엇보다도 꽃을 사놓고 가장 기쁜 순간이 있다. 바로 어제까지 오므라져 있던 꽃봉오리가 활짝 피었음을 발견할 때다. 활짝 핀 꽃을 보면 웃음이 만개한 갓난아기를 만났을 때처럼 마음이 황홀해진다. 꽃잎을 활짝 열어 자신의 중심을 아낌없이 보여주는 꽃을 보면 나 역시 활짝 열린 사람이 되고 싶다. 새로운 것들과 주위 환경에 열릴수록 상처와 고통에도 노출되겠지만, 그럼에도 불구하고 활짝 열려 있고 싶다.

생활비가 빠듯해질 때면 꽃을 사는 일을 중단하기도 했었다. 하지만 그렇게 아낀 돈으로 크게 다른 일을 하지도 못했다. 그래서 나는 나에게 다양한 기쁨을 선사하는 꽃에게로 금세 돌아왔다. 꽃을 둘 때마다 잘려나간 줄기를 보면 마음이 아프지만, 당분간은 내 이기적인 기쁨을 위해 꽃을 곁에 둘 것 같다.

되돌아보면 8평 남짓한 행복주택의 방 한편에 굳이 꽃을 둔 이유는 무엇이었을까 생각하게 된다. 그건 조금이라도 '여분의 것'을 갖고 싶다는 마음 아니었을까. '빨강머리 앤'이 프릴과 퍼프가 달린 드레스를 그토록 원했던 것처럼 말이다. 살면서 나는 '꼭 필요한 것'들에 집중해왔다. 꼭 필요한 옷과 그렇지 않은 옷을 구분했고, 꼭 필요한 여행과 그렇지 않은 여행, 꼭 필요한 사람과 그렇지 않은 사람도 기어코 가려냈다. 가진 것도 없으면서 줄이고 또 줄여서 미니멀리스트가 되고 싶었다.

그건 삶에서 필수적인 것들을 취하기 위해서였겠지만, 동시에 꼭 필요하지 않은 것에 자원을 쓸 만한 여유가 없었기 때문이기도 하다. 시즌마다, 기분에 따라 가방을 바꿔 들 여력은 없으니 질리지 않는 무난한 색을 고른다. 무리해서 가는 여행인 만큼 그 여행은 삶에 도움이 되어야 하며, 더 이상 내 삶에 남아 있지 않을 사람을 위해 쏟는 눈물과 에너지는 최소화할수록 좋다.

그런 실용주의적 관점으로 삶을 살아가는 것은 상당히 유용했지만, 조금 납작한 느낌이 든다. 생존은 중요하고, 또 중요하지만 결국 인간은 단지 생존만을 위해 살지는 않기 때문이다. 타고 태어난 게 이런 성향이니 나 자신을 완전히 바꿀 수는 없겠지만, 가끔은 다른 사람이고 싶다. 그런 마음이 책상 한편에 이름도 모를 꽃을 꽂아두게 하는 것이다.

여전히 내 방은 인스타그램에 올릴 만하지는 않다. 그러려면 베란다에 인조 잔디라도 깔고, 고장 난 스탠드는 은은한 조명으로 바꾸고, 침구 색과 커튼 색도 통일해야 할 것이다. 요즘 유행하는 행잉 플랜트도 걸어놓고, 몇 가지 분위기 있는 식물도 들여놓아야 할 것이다. 하지만 지금으로는 책상 위 꽃 한 다

발로 충분하다. 바쁘게 움직이다가도 잠깐씩 눈을 마주치면 그 쓸모없는 아름다움이 나를 충분히 위로하기 때문이다.

최애 꽃을 찾아보자
. . . .

꽃을 사는 건 처음엔 어렵지만, 한 번 해보고 나면 아무것도 아닌 일이다. 꽃병도 다이소에서 5,000원이면 살 수 있다. 내가 제일 좋아하는 꽃을 찾겠다는 마음으로 이것저것 사다 보면 나의 취향을 발견하게 된다. 내가 지금까지 꽃집에서 샀던 것 중 최애는 라넌큘러스, 자니 장미, 유칼립투스 줄기이다. 당신의 최애 꽃은 무엇인가?

보이지 않아도 있는 것

아침에 일어나 가장 먼저 하는 일은 휴대전화를 블루투스 스피커에 연결하는 일이다. 잠이 덜 깬 눈을 가늘게 뜨고, 아침에 어울리는 음악을 튼다. 작은 스피커에서 나오는 음악이 작은 집을 채우면, 나는 비로소 아침을 시작할 준비가 된다.

몇 해 전, 네이버 오디오클립 행사에서 인공지능 기능이 있는 블루투스 스피커를 선물 받았다. 귀여운 오리 캐릭터 샐리를 닮은 스피커는 내 명령을 알아듣고 날씨를 말해주거나, 원하는 장르의 음악을 틀어주었는데 기계에 무지한 나에게 그건 흡사 미래에서 온 기계 같았다.

인공지능 기능이 신기했던 나는 '이거 해줘', '저거 해줘',

'이제 그만해' 하며 샐리에게 각종 갑질을 시전했다. 하지만 그것도 잠시. 샐리와 대화하는 건 금세 싫증이 났고 샐리는 방 한구석에서 자리만 차지하는 신세로 전락했다. 그랬던 샐리가 제2의 인생을 맞이했는데, 독립을 하며 혹시나 해서 가져온 샐리가 제 역할을 톡톡히 하기 시작한 것이다. 사실 그전까지 나는 음악을 많이 듣는 사람이 아니었다. 음악을 싫어하는 건 아니었지만, 굳이 찾아서 들을 정도의 열정은 없었던 탓에 음악을 듣는 순간은 손에 꼽을 정도로 적었다.

하지만 그랬던 내가 독립을 하고 미친 듯 조용한 집을 마주하게 되었다. 본가에서는 음악을 듣지 않더라도 항상 어떤 소리가 들렸다. 거실에서 부모님이 대화하는 소리, TV 소리, 엄마가 설거지를 할 때 그릇들이 부딪치는 소리 등 소리의 종류는 다양했다.

일과를 마치고 관심 없는 뉴스나 막장 드라마의 소리를 듣는 건 피곤한 일이었다. 가끔 부모님이 다투거나, 나를 걱정하는 대화가 들릴 때면 괜히 마음이 괴로워져 음소거 모드를 켜고 싶을 때도 있었다. 그래서 본가에서 살 때는 고요함을 누릴 수 있는 나만의 공간을 내심 고대하고 있었다.

하지만 나 외에는 아무것도 소리를 내지 않는 새로운 공간에서 마주한 고요함은 기대와는 조금 달랐다. 그토록 원했던 고요함이 끝도 없이 지속되자, 그 고요함은 무겁게 나를 짓누르는 침묵이 되었다. 공기를 아래로, 아래로 누르는 침묵 속에서 나는 시간을 정지하는 형벌을 받은 듯 아찔해졌다. 비로소 집에 오자마자 TV를 켠다는 자취생 언니, 독립을 하고 나서 혼잣말이 늘어간다는 에세이 한 구절이 공감되기 시작했다.

그 침묵의 공간에서 나는 아침에는 일으켜지지 않는 몸을 일으키기 위해, 그리고 하루의 끝에는 긴장된 몸을 이완하기 위해 음악을 틀었다. 그리고 휴대전화나 아이패드로 음악을 틀어놓고 블루투스 스피커를 연결하면, 조용히 멈춰 있던 공간이 소리로 가득 차 움직이기 시작했다.

때로 그 소리는 '아침에 듣기 좋은 팝송'이기도 '4월의 스타벅스 매장 음악'이기도 했다. 마음이 심란할 때는 법륜스님의 즉문즉설을 틀어놓거나, 외로울 때는 유튜버의 일상 브이로그를 듣기도 했다. 특히 집안일을 할 때는 소리의 역할이 컸는데, 무언가를 들으며 설거지를 하거나 청소를 하고 있으면 지루했던 집안일을 할 때도 힘이 났기 때문이다. 청소를 마치고 깨끗한 공간에 누워 음악을 듣고 있으면, 내 삶 역시 제대로 흘러가고 있다는 생각이 들었다.

사실 음악에 큰 관심이 없는 건 여전해서 지금도 특별히 좋아하는 가수를 물어보거나 음악을 물어보면 잘 대답하지 못한다. 자주 음악을 듣게 된 지금도 '샤워하며 듣기 좋은 노래', '비 올 때 듣기 좋은 띵곡' 등 남들이 엄선해놓은 플레이리스트에 의존하기 때문이다.

음악을 들으면서 좋은 노래가 나오면 '좋다' 하고 생각할 뿐 그게 누구의 노래인지, 무슨 제목인지 찾아보지 않는다. 누가 보면 음악 취향도 없는 매력 없는 성격이지만, 지금으로서는 빈공간을 채워주는 소리 그 자체로 만족한다.

공허하고 외로운 공간을 채워주는 것은 음악뿐만이 아니다. 독립을 했다고 하자 많은 친구가 향과 관련된 제품을 선물해주었다. 룸 스프레이부터 향초, 인센스 스틱 등 좋은 향을 내뿜는 것들이 손에 들어왔다. 사실 인위적이거나 독한 향에는 거부감이 있고, 당장 생활에 필요한 게 아니면 구입을 망설이기에 향과 관련된 제품에 돈을 써본 적이 없었다. 선물을 받으면 기쁜 마음으로 집에 가져왔지만, 그것들에 손이 가는 경우는 별로 없었다.

그러다 유난히 잠에서 일찍 깬 어느 날, 선물 받은 향을 피워보았다. 조심스럽게 인센스 스틱에 불을 붙이자마자 향 냄새가 강하게 피어났다. 아직 깜깜한 새벽, 절을 연상시키는 강한 향 냄새와 연기가 순식간에 어수선한 마음을 가라앉혀주었다.

향이 만들어준 그날의 아침이 꽤나 마음에 들었다. 그 뒤로 비가 오는 날, 마음이 이수선한 날, 괜히 분위기를 잡고 싶은 날이면 묵혀두었던 향초를 켜거나 향을 피웠다. 손님이 오기 전에는 룸 스프레이를 뿌려 생활의 냄새를 없애기도 했다. 향은 항상, 너무나 손쉽게 평범한 공간을 근사하게 탈바꿈해주었다.

보이지 않기에 간과했던 음악과 향은 이제 내 공간을 채워주는 하나의 요소가 되었다. 어쩌면 음악이라도 틀고 향이라도 피우는 모습은 조금이라도 이 공간을, 이 생활과 인생을 괜찮은 것으로 만들어보고자 하는 나의 마음일지도 모른다. 그리고 그 마음이야말로 보이지 않지만 분명히 있는 것, 그래서 내 일상을 단단하게 만들어주는 것은 아닐까?

필사를 한다

필사를 처음 접했던 건 고등학교 3학년 때이다. 당시 논술전형을 준비하던 나는 주말마다 친구들과 대치동으로 가서 사교육 시장에 보탬이 되곤 했다. 처음 접해본 대치동 학원 수업은 내 예상과 달리 교육의 질이 높아 놀랐던 기억이 난다. '시험에 붙기 위한 전략에 치중된 수업이겠지'라고 막연히 짐작했던 것과 달리 정말 읽고 쓰는 법을 제대로 가르쳐주는 수업이었다. 사실 '별거 없을 것'이라고 짐작했던 마음은 '별거 없었으면 좋겠다'는 기대이기도 했다. 항상 그런 교육을 받을 수는 없었기에, 수업 질이 좋다면 매번 그런 교육을 받아왔을 학생들이 부러울 것 같았기 때문이다.

학원에서 만난 논술 선생님은 사회에 대한 비판 의식과 매서운 눈빛이 살아 있는 무서운 분이었다. 그는 내가 제출한 글한 줄 한 줄에 코멘트를 달아 '왜 이 문장이 어영부영 쓴 문장'인지를 분명하게 알려주었다. 그리고 마지막 부분엔 항상 '다시 써'라는 문구가 몇십 포인트나 키운 글씨로 쓰여 있었다. 나는 피드백을 받을 때마다 겁이 나 부들부들 떨었지만, 그래도 그 선생님을 참 좋아했던 기억이 난다. 아무리 냉철하고 차가워 보여도, 기본적으로 따뜻한 사람이라는 느낌과 실력이 있다는 믿음이 있었기 때문이다. 그래서 매번 긴장된 마음으로 학원에 가면서도, 즐겁게 수업을 듣고 숙제를 해갔었다.

필사는 그가 내준 숙제 중 하나였다. 우리는 그가 준 모범답안 하나를 놓고 수백 번 같은 글을 필사했다. 처음엔 이런 걸왜 하는 걸까 의문을 가졌지만, 이내 익숙해져 기계적으로 하루에 서너 장의 필사를 했다. 그렇게 일 년을 계속하니, 하나의글이 어떤 식으로 전개되어야 하는지 저절로 내 안에 스며들었다. 그렇게 배운 글쓰기는 대학 합격증을 가져다줬고, 학교를다니는 동안에도 서술형 시험을 볼 때마다 톡톡히 도움이 되었다. 하지만 그뿐이었다. 입시가 끝나고 필사는 내 인생에서 소리 소문 없이 사라졌다.

다시 필사를 시작한 건, 지인에게 만년필 한 자루를 선물받고나서부터이다. 처음 만년필이란 걸 써보았는데, 그 느낌이 참 좋았다. 서걱서걱 펜촉이 종이에 닿는 느낌이 좋았다. 그리고 펜과는 또 다른 모양으로 나타나는 글씨체도 좋았다. 그렇게 필사의 매력에 빠져들었다.

이후에 나는 시간이 날 때면 좋아하는 수필가의 에세이를 한 편씩 필사하고 있다. 일 때문에 스트레스를 받을 때도, 오늘 하루는 무엇을 해야 할지 도통 알 수 없을 때도 일단 필사를 시작한다. 일단, 그렇게 다른 이의 글을 천천히 따라 쓰고 있으면 복잡했던 마음이 고요하게 가라앉는다.

필사를 하는 이유에는 글을 더 잘 쓰고 싶다는 욕심도 들어 있다. 나는 이슬아 작가의 수필을 자주 필사하는데, 그녀의 수필집은 여느 백과사전보다 더 두툼해 재료가 떨어질까 걱정하지 않아도 된다. 매일매일 자신에 대해, 그리고 부모와 친구들, 애인에 대해 성실하게 기록한 글을 따라 쓸 때면 매번 감탄한다. 어떻게 이런 작은 얘기를 흥미진진하게 쓸 수 있을까? 아니, 그에 앞서 어떻게 주위 사람들의 훌륭한 부분들을 발견해내고 이렇게 따뜻하게 바라볼 수 있을까? 질투가 난다. 나 역시 그런 글쓰기를, 그런 시선을 조금은 훔칠 수 있기를 바라며 매일 한 편의 글을 필사한다.

　미친 듯이 고요한 방도 필사를 할 때만큼은 도움이 된다. 조용한 방에 홀로 앉아 필사를 하는 밤이면, 그 고요한 여유가 무척이나 호화롭다. 내가 쓰고 있는 만년필은 모나미사의 올리카 만년필인데, 어디에나 있는 모나미 볼펜의 그 모나미가 맞다. 만년필을 잘 알지 못하는 내겐 오천 원도 채 되지 않는 모나미 만년필도 충분한 도구가 된다. 이천 원의 만년필 한 자루와 종이만 있으면 얼마든지 호화스러운 밤을 만들 수 있다.

줌 아웃의 기술

나는 공원에 가는 것을 좋아한다. 왠지 모르게 마음이 답답해질 때에는 꼭 집 근처의 공원을 찾는다. 십오 분 정도 걸어가면 나오는 우리 동네 공원은 고도가 높아서 잠깐 산을 타야 하지만, 일단 도착하고 나면 높은 곳에서 아래에 있는 동네들을 한눈에 내려다볼 수 있다.

그곳에 도착하면 일단 많은 강아지가 뛰놀고 있어 이곳이 청정 구역임을 알려준다. 다양한 꽃과 식물들도 피어 있어서 그걸 보는 재미도 있다. 과거에는 꽃 사진에 집착하는 어머니, 아버지들을 이해할 수 없었지만 나 역시 점점 사진첩 속 꽃 사진이 늘어가고 있다.

공원에 가면 운동을 해야 한다는 생각이 있어 처음 몇 분은 몇 바퀴를 걷는다. 특히 대낮에 공원에 가면 햇빛이 비스듬히 떨어지며 공원을 비추는데, 그때 꽃과 식물이 바람에 넘실거리는 모습을 보면 이곳이 천국인가 싶다. 살면서 나이가 들수록 더욱더 많은 것을 소유하고 싶어지지만, 잠깐이나마 이런 순간들엔 도대체 내게 무엇이 더 필요한가 하는 생각을 하게 된다.

공원을 어느 정도 돌아줬다면 이제 한편에 있는 벤치에 앉을 차례다. 벤치에 앉아 하염없이 멍을 때린다. 벤치에 앉아 아래를 보면 수많은 아파트와 자동차, 사람이 모두 손톱만큼 작게 보인다. 그렇게 눈앞의 세상을 줌 아웃하여 바라보면, 내 안의 소화되지 않은 생각과 감정들도 같이 작아져 사라져버린다.

가끔 주위에 강아지나 아기를 데리고 온 사람들이 앉으면 강아지나 아기를 눈치껏 바라볼 수 있어서 기분이 좋다. 성격상 대놓고 좋은 티를 못 내는 나는 괜히 다른 사람들이 불편할까 봐 강아지나 아가에게 다가가지는 못한다. 하지만 주위에 앉아 있다가 그들이 오면 슬쩍슬쩍 쳐다보면서 나 나름대로의 애정을 전달한다. 가끔 그 애정을 느낀 아가가 먼저 다가와 인사를 해줄 때도 있는데, 그러면 그것만으로 그날 하루의 기분이 정화되는 느낌이다.

하루의 여유나 마음의 에너지가 근처의 공원까지 갈 수 없을 때도 있다. 하루 일과를 끝내고 공원까지 걸어가기도 힘이 들 때면 아파트 단지를 거닌다. 보통은 저녁 때쯤 쓰레기나 음식물 쓰레기를 내다 놓으며 '날씨가 좋은데?' 하고 느낀다. 그러면 근처라도 걸어볼까 하고 하염없이 아파트 단지를 거닐게 된다. 아파트 단지가 그렇게 크지 않아 갔던 곳을 또 가고, 걷던 곳을 또 걷지만 그래도 좋다. 선선한 바람을 느끼면서 산책을 하고 있으면 이렇게나마 내 삶에 틈을 낼 수 있다는 것에 뿌듯한 마음이 든다.

결국 중요한 것은 얼마나 대단한 공원이 근처에 있는가가 아니라 잠깐이라도 산책을 할 수 있는 마음의 여유를 내는 것이다. 일이 바쁠 때면 사실 조금이라도 그런 여유를 내기가 힘들다. 사실 산책을 하는 데는 십오 분, 이십 분이라도 충분하지만 그만큼도 다른 곳에 사용할 마음의 여유를 내기가 어려운 것이다. 바쁠 때, 일이 버거울 때는 설사 그런 시간이 있다 하더라도 모든 시간을 일에 쏟아야 할 것 같고, 당장 그 일을 지속할 수 없더라도 하다못해 일 걱정이라도 해야 이 시간을 잘 쓰는 것처럼 느껴지기 때문이다.

나 역시 오랜 시간 동안 무언가에 붙들리면 그것 외에는 좀처럼 마음의 여유를 내지 못하는 삶을 살아왔다. 부족함을 느끼니 남들이 놀 때나 쉴 때도 열심히 해서 그 틈을 채워야 한다고 믿었다. 하지만 살다 보니 조금 쉰다고 해서, 다른 곳에 눈길을 준다고 해서 내가 노력하고 있는 그 무엇이 모두 물거품이 되는 것은 아니었다. 그리고 약간 부족한 결과가 나오더라도 백 퍼센트 시간을 쏟지 못한 나를 탓할 필요가 없다는 것을 알게 되었다. 그렇게 백 퍼센트 내 모든 것을 내주어야 얻을 수 있는 것이라면 아직 내 것이 아닐지도 모른다는 게 요즘의 생각이다.

누군가는 전문가가 되려면 만 시간을 투자해야 한다며 일만 시간의 법칙을 외치는 마당에, 도대체 이게 무슨 소리냐 싶을지도 모른다. 하지만 나는 틈틈이 행복한 딴짓을 하며 살고 싶다. 그래서 오늘이 아니면 보고 느낄 수 없는 햇살과 바람, 꽃과 식물들을 모두 내 안에 담고 싶다.

내 마음에 솔직하기

얼마 전 만난 친구 N은 코로나19로 잘 다니던 직장을 잃었다. 원하는 분야에 취업했다고 좋아했던 게 엊그제 같은데 일 년도 되지 않은 때 갑작스럽게 실직을 한 것이다. 누구도 예상하지 못했던 일이라 그의 소식을 듣고 나 역시 놀랐는데, 본인은 얼마나 당황했을까. 다시 재취업을 준비하는 N은 더 열심히 공부하고 자기소개서도 써야 할 것 같은데, 그게 잘 안 된다고 말했다. 새벽 5시에 기상한다는 유튜버도 따라 해보고, 다시 치열하게 준비하고 싶은데 좀처럼 힘이 나지 않는다는 것이다. 그 말을 듣고 아무 잘못도 없는데도 스스로를 다그쳐야만 하는 N이 안쓰러웠다.

그런 그에게 나는 힘이 나지 않을 때는 단순히 '힘을 낼 수가 없구나' 하고 인정해버리라고 말했다. 열심히 이뤄낸 취업이 갑자기 물거품이 되었는데, 마치 아무 일도 없었던 듯이 달린다는 게 불가능하다고 생각하기 때문이다. 살다 보면 온갖 예상치 못한 상황이 닥쳐 힘이 빠진다. 눈앞에 산새해 있는 이런저런 문제들과 생계를 떠올리면 마냥 쉴 수는 없겠지만, 어쩔 수 없이 힘이 나지 않을 때는 잠시 멈춰 숨을 고르는 것이 어떨까?

나이에 맞게 '당연히' 해야 한다고 여겨지는 것들은 있는 그대로의 나를 못 보게 한다. 이삼십 대면 '당연히' 일을 해야 하고, '당연히' 외모를 꾸며야 하고, '당연히' 연애를 해야 한다. '당연히' 돈도 많이 모아야 하고 그 와중에 결혼과 출산도 해치워야 한다.

'당연히' 일을 쉬는 것은 말도 안 되고, '당연히' 장기 여행은 사치다. 우물쭈물하거나 엉뚱한 데에 쓸 시간이 없는 건 당연하다. 이렇게 당연한 것들에 둘러싸여 있자면 그 순간 그 시기에 내게 진짜 필요한 건 무엇이었는지, 어떤 것들을 해보고 싶었으며 어떤 것들은 내키지 않았는지에는 주의를 기울이지 못한다.

하지만 나는 이 당연한 것들과 상관없이 나의 마음에 솔직해지고 그것을 존중해줄 수 있을 때 내 몸의 생기가 용솟음치는 것을 느낀다. 어쩐지 오늘은 걷고 싶다, 어쩐지 요즘엔 쉬고 싶다, 어쩐지 생전 인연이 없던 그림을 배우고 싶다 등 당연하지 않은 마음들에 솔직해질 때, 그리고 그것에 손을 뻗쳐 행동으로 옮길 때 사는 게 참 즐겁다고, 행복하다고 말하게 된다.

대다수의 머릿속이 아닌 나 자신에게서만 발생한 욕망은 남들의 시선에 이상하고 독특해 보일 수밖에 없다. 하지만 '하고 싶으면 하고 싶은 거지', '하기 싫으면 하기 싫은 거지' 하고 단순하게 내 마음에 솔직해져 보자. 그럴 때, 오랫동안 잠자고 있어 있는 줄도 몰랐던 내 안의 다섯 살짜리가 배시시 웃어 보일 것이다.

사람들과 어울리고, 능력을 인정받기 위해선

항상 더 나은 내가 되어야 한다고 생각했다.

그래서 발전하기 위해 노력하고 또 노력했다.

하지만 노력은 해도 해도 끝이 없었다.

이게 채워지면 저게 부족했고, 저게 채워지면

또 다른 기준이 생겼다.

더 이상 노력할 힘이 없어진 나는

지금의 나라도 괜찮지 않을까 믿어보기로 했다.

이만큼 노력했으면 뻔뻔해지는 건 어떨까?

아무리 노력해도 부족해

"띠링, 띠링"

"○○아, 오늘 같이 놀 수 있어?"

"아… 나 오늘 가족들이랑 어디 가기로 했는데."

"그래? 알았어~"

　내가 기억하는 어린 시절의 주말은 예를 들어 이런 식이다. 할 것도, 놀 것도 없는 아침에 친구들에게 열심히 전화를 돌린다. 그때만 해도 모두 집 전화를 사용했기에 떨리는 마음으로 친구네 집 전화번호를 누르고, 친구의 어머니와 얘기도 한다.

두근거리는 마음으로 약속을 제안하지만 거절당한다. 거절을 당할 때마다 한 뼘씩 더 외로워지지만, 아무렇지 않은 목소리로 괜찮은 척 대답한다. 그리고 다음 주말이 되면 또 떨리는 마음으로 같은 일을 반복한다.

외동딸로 자란 나는 항상 심심했다. 아주 어렸을 때야 부모님이 놀아주셨지만, 초등학생 때부터는 항상 같이 놀 수 있는 또래 친구들이 고팠다. 하지만 친구들은 항상 바빠 보였다. 주말이면 자매, 남매들과 항상 어딘가로 가던 친구들. 나도 같이 놀고 싶었는데 그럴 수 없는 상황이 반복되자 어느새 나는 심심함을 외로움으로 느끼기 시작했다. 지금은 좋은 취미가 된 독서도 어렸을 때 너무 할 게 없어서 시작한 활동이었다.

한번 외로움을 느끼고 나자 그 뒤로 외로움은 시도 때도 없이 눈에 띄었다. 학창 시절 둘씩 짝을 지어야 하는데 애매하게 혼자 남을 때, 스무 살이 되고 모두 애인이 생기는데 나만 솔로인 것 같을 때, 시간도 돈도 있지만 어쩐지 즐겁지 않은 어느 주말에도 나는 쉽게 외로움을 느꼈다. 외로움은 나에게는 빼고 설명할 수 없는 핵심 감정이 되었다.

문제는 그렇게 외로웠으면 누구라도 만나고, 어디에든 가서 사람들과 어울리면 되었을 텐데 그것 역시 쉽지 않았다는 것이다. 익숙한 사람, 좋아하는 사람이 아니면 같이 있는 게 불편했다. 이 사람은 이래서 싫고, 저 사람은 저래서 싫었다. 같이 있으면 괴롭고 혼자 있으면 외로웠다. 어떻게든 나도 이 굴레를 벗어나고 싶었다.

그래서 노력하기 시작했다. 내가 부족해서 그런 거라, 좀 더 멋진 사람이 되면, 좀 더 사교성을 기르면, 좀 더 예뻐지면 나도 행복해질 수 있을 거라고 생각했다. 노력의 결과인지 속을 털어놓을 수 있는 가까운 친구도 생기고, 애인도 생겼다. 하지만 뭔가 부족하다는 느낌을 지울 수 없었다. 아무리 노력해도 여전히 나는 충분하지 않았다.

약속 없는 주말은 점점 줄어들었지만 조금이라도 빈틈이 생기면 그 사이로 공허함이 비집고 들어왔다. 행복하지 않을 이유가 없었는데도 행복하지 않아서 도대체 무엇이 문제인지 알 수 없었다. 이유를 알 수 없자 남을 탓하기도 했다. 내 친구, 내 가족, 내 애인은 나를 서운하게 만들었다. 더 많은 시간과 관심을, 애정과 따뜻함을 기꺼이 내어주기를 기대했고 그 기대에 충족되지 못하면 아무것도 받지 못한 사람마냥 굴었다.

그러던 어느 날, 테드톡에서 브레네 브라운 박사의 강연을 들었다. '취약성의 힘'이라는 제목의 이 강연에서 브라운 박사는 자신의 취약함을 인정하고 드러낼 줄 아는 사람의 힘을 알려주었다. 십여 년이 넘게 사회복지계열에서 연구를 한 그는 인간에게 가장 중요한 가치는 우리가 서로 연결되어 있음을 느끼는 것이라고 이야기한다. 그런데 애석하게도 많은 사람이 연결되기를 원하면서도 연결되지 못한다. 그 이유는 자신이 타인과 연결될 만큼 가치 있다고, 자격이 있다고 느끼지 못해서이다.

그렇다면 왜 어떤 사람들은 스스로 '연결될 만큼 가치 있다고, 자격이 있다'고 느끼지 못할까? 바로 수치심 때문이다. 인간에게는 누구에게나 부족한 점, 취약한 점이 있다. 그런데 그 취약한 점에 대해 수치심을 느끼고, 그 취약점을 가진 자신을 인정하지 않으면 다른 사람에게 사랑받을 만한 사람이라고 믿을 수 없는 것이다.

브라운 박사는 스스로가 갖고 있는 취약함에도 불구하고 자신은 사랑받을 자격이 있는 사람, 연결될 가치가 있는 사람이라고 믿는 사람만이 자신의 약한 부분을 드러낸다고 이야기한다. 그들이 비교군보다 더 훌륭하거나 뛰어난 사람들은 아니다. 단지 부족한 점에도 불구하고 사랑받을 수 있다고 믿느냐의 여부가 그들을 다른 사람과 차별화하는 유일한 차이점이다.

그리고 그들은 그 믿음을 바탕으로 자신의 취약점을 드러내고 타인과 진정한 연결을 맺는다.

어쩌면 내가 갖고 있는 부족한 점들을 부끄럽게 생각하고 없애야만 한다고 생각했던 게 문제는 아니었을까? 서투른 나, 그래서 약간 촌스럽고 부끄러운 나를 내버려 둔다면 나는 어떻게 달라질까? 지금껏 더 발전해야 한다고 스스로를 몰아붙이던 채찍질을 조심스레 멈추었다. 그리고 부족한 나를 있는 그대로 한번 내버려 둬 보기로 마음먹었다.

나, 꽤 괜찮은 사람

있는 그대로의 나를 믿어보기로 한 것은 일에서부터 시작되었다. 나는 항상 '준비가 부족하다'는 생각에 사로잡혀 있었는데, 그 마음이 무슨 일을 하든 나를 종종거리게 만들었다. 이미 다 아는 내용도 토씨 하나 틀리지 않을 때까지 암기하고, 몇 번을 다시 점검하고 나서야 진행하는 버릇은 에너지를 빠르게 고갈시켰다. 그렇게 꼼꼼히 확인해서 진행한 일은 항상 별 탈 없이 진행되곤 했는데, 그래서 매번 일이 끝나면 안도감과 함께 허탈한 감정이 들었다.

그래서 무작정 부딪혀보기로 했다. 준비시간을 줄이고, 아직 부족하다고 느껴지더라도 제안받은 일을 시도했다. 익숙하지 않은 온라인 강의에 도전하고, 사연을 받아 온라인 상담을 해주고, 해보지 않은 일에도 무작정 부딪혔다. 당연히 무작정 부딪히는 일은 힘들었다. 일을 망칠까 봐, 실수할까 봐, 그래서 사람들 앞에서 우스워질까 봐 너무나 겁이 났다.

하지만 놀랍게도 그렇게 힘을 빼고 일을 해도 특별한 일은 생기지 않았다. 이렇게 준비한 일은 분명 망할 것이라고 생각했는데, 오히려 내가 빼곡히 준비하지 못한 빈틈 사이로 같이 일하는 동료들, 그리고 내 상담이나 강의에 참여해주는 분들의 참여가 늘어났다. 그리고 비난받지 않을까 종종거리며 일하는 나보다 '부족하더라도 괜찮다', '같이 결과물을 만들어낼 수 있을 것이다'라고 믿고 있는 나는 더 자연스럽게 능력을 펼칠 수 있었다.

어쩌면 지금껏 그렇게 긴장했던 것은 나를 믿지 못해서도 있지만, 주위 사람들 역시 믿지 못했기 때문은 아닐까? 나만이 그 일을 다 해낼 수 있을 거라고, 다른 사람들은 도와줄 수 없다고 믿었기에 그렇게 긴장했던 건 아닐까? 부족한 나를 관대하게 바라보자 다른 사람들 역시 나를 관대하게 바라봐주기 시작했다.

혹자는 이렇게 물을지도 모른다. 그렇게 노력하지 않아도 인정받는다고, 사랑받는다고 어떻게 확신할 수 있냐고 말이다. 지금 노력해도 이 정도인데, 노력까지 안 하면 어떻게 될까 하는 극단적인 상상이 들 수도 있다. 다만 내가 무리해서 노력했을 때는 노력한 것이 있기에 사람들이 나를 알아봐주기를 기대한다. 더 인정해주기를, 더 사랑해주기를 기대한다. 그런데 타인의 반응이 내 기대에 미치지 못하면 실망하게 된다.

반대로 무리해서 노력하지 않으면 애초에 많이 노력하지 않았기 때문에 상대방이 크게 반응해줄 것을 기대하지 않게 된다. 크게 꾸미지 않았기에 상대방이 나를 예뻐해줄 것을 기대하지 않게 된다. 그런데 놀랍게도 그렇게 꾸미지 않았음에도 불구하고 나를 좋아해주는 사람, 멋지다고 말해주는 사람들이 있다. 좋은 얘기였다고, 또 듣고 싶다고 말하는 사람들도 있다. 그러면 '어라?' 싶은 것이다. 애써서 멋진 척을 하지 않아도 멋진 부분이 있구나. 애써서 예쁜 척하지 않아도 예쁜 부분이 있구나. 그제야 내게 있는 매력을 발견하게 된다.

물론 처음부터 내게 부끄러운 부분을 모두 드러내고 사랑받을 것이라고 기대하는 것은 어려운 일이다. 그저 조금씩 조금씩 주위를 살피는 것이다.

나는 오랫동안 작은 키에 콤플렉스가 있어 높은 구두만 신었다. 그런데 어느 날부터는 이 높은 구두에 매여 사는 게 너무 지겨워졌다. 그래서 눈을 딱 감고 높은 구두를 벗어보았다. 이 구두를 벗으면 나는 다른 사람들에게 보이지도 않을 거라 믿어왔는데, 조그마한 나를 발견하고 좋아해주는 사람들이 있었다. 그런 식으로 조금씩 조금씩 자신이 너무 두렵지 않은 선에서 껴입었던 갑옷들을 내려놓아 보는 것이다.

《나를 믿는 용기》의 저자 고코로야 진노스케는 '이유가 있는 자신감'은 위험하다고 이야기한다. 나는 영어를 잘하니까 인정받는다, 스타일이 좋으니까 사랑받는다 등 이유가 있어서 생긴 자신감이라면 그 이유가 삐끗하는 순간 발끝부터 크게 흔들리기 때문이다. 그래서 그는 이유가 없는 자신감을 쌓으라고 추천한다. 사실 무엇이 좋고 싫은 이유는 그것이 좋고 싫어진 다음의 문제다. 좋은 것은 좋아서 더 좋아지고, 싫은 것은 싫어서 더 싫어진다. 그러므로 아무 이유 없이 인정받고, 아무 이유 없이 사랑받아 보라고, 이유 없는 자신감도 있을 수 있는 거라고 이야기한다.

여전히 모자란 부분, 볼품없는 부분은 시도 때도 없이 튀어나와 나를 당혹스럽게 만든다. 아무리 노력해도 구멍 난 부분은 존재하고, 그 구멍 사이로 차가운 바람이 지나갈 때면 어쩔 수 없이 쓸쓸한 기분이 든다. 사회에서 더불어 살아가며 단점을 매만지고, 더 나은 사람이 되는 건 피할 수 없고 피하고만 싶은 일도 아니다. 하지만 그 노력과는 별개로 지금의 구멍 뚫린 나조차도 꽤 괜찮은 사람이란 걸 나는 알게 되었다.

지는 날도 있겠지만

'질게요! 질게요! 질게요! 질게요!'

　《살고 싶다는 농담》에서 작가 허지웅 씨는 악성림프종 진단을 받았을 때의 경험을 이야기한다. 혈액암의 일종인 악성림프종을 처음 진단받았을 때 그는 SNS에 끝까지 살아내겠다고, 이기겠다고 호기롭게 글을 작성했다. 하지만 막상 본격적인 고통이 시작되자 '질게요!'를 반복하며 비명을 질렀다. 그에 비할 바는 못 되지만 나 역시 비슷한 경험이 있다.

　새해에 나는 '올해에는 더 많은 미움을 받아야지' 하고 결심했었다. 더 많은 미움을 받겠다는 다짐은 좀 이상하지만, 미움을 받더라도 더 나답고 자유로워지겠다는 의지였다. 그런데 신이 이 소원을 들어주었는지 연초부터 인터넷에 공개된 인터뷰에 많은 악플이 달리기 시작했다. 콘텐츠에 대한 비판부터 외모 비하까지 지금껏 경험하지 못했던 악플들을 처음 겪은 나는 신년 목표를 과다 달성하고 그 자리에서 나가떨어졌다.

있는 그대로의 나를 드러내는 것은 그런 것 같다. 햇살이 따사롭고, 기분이 좋은 어느 날엔 그런 것쯤은 일도 아닌 것처럼 느껴진다. '좀 미움받으면 어때? 좋아하는 사람도 있잖아!' 하고 당당하게 외칠 수 있다. 하지만 전혀 괜찮지 않은 날도 분명 존재한다. 괜찮다고 믿었던 것들이 괜찮지 않은 날이, 자신 있게 이기겠다고 다짐한 게 무색하게 백기를 들 수밖에 없는 날이 있다.

그런 날에는 그냥 지는 수밖에 없다고 생각한다. 그렇게 부족한 나를 인정하고 받아들여 보자고 해놓고 이게 무슨 이야기인가 싶지만 어쩔 수 없다. 도저히 부족한 자신을 받아들일 수 없는 때가, 타인의 비난이 전부 사실인 것처럼 느껴지는 때가 있기 때문이다. 그럴 때는 아무것도 할 수가 없다. 나 역시 처음 악플을 경험하고 꼬박 일주일은 아무것도 하지 못했다. 기꺼이 미움받아 보자고 다짐했는데, 실제로 경험을 해보니 미움받는 건 생각보다 더 힘든 것이었다. 새삼 미움받지 않기 위해 전전 긍긍했던 나 자신이 이해되기도 했다.

정신을 가다듬기 위해 '악플에 대처하는 방법'에 대한 칼럼을 읽었다. 너무나 유익하고 재미있는 글이었는데 아뿔싸 그 칼럼에도 악플이 있었다. 그때부터 인터넷에 올라온 다른 사람들의 평가를 예민하게 살펴보기 시작했다. 새로 시작한 예능에 대해서도, 평소 너무나 좋아하던 작가의 책에도, 멋있는 연예인의 사진에도 모두 극단적으로 다른 평가들이 있었다. 어느 곳에나 너무 좋다는 평가와 너무 별로라는 평가가 공존하는 것을 보며 '다른 사람들의 호불호는 어쩔 수 없구나'를 받아들일 수밖에 없었다.

창작자로 활동하며 타인의 평가에 노출되고, 상처받는 일은 앞으로도 불가피할 것이다. 아무런 공격도 받지 않는 길, 가장 안전한 길은 아무 이야기도 하지 않는 것이다. 다른 사람의 입맛에 맞게 내 의견을 맞춘다 해도 그에 대해서도 역시 비난하는 사람이 있다. 나도 마찬가지로 마주 치는 모든 것에 끊임없이 좋고 싫음을 평가하니 아예 이해하지 못할 것도 아니다.

그렇기에 지는 날이 있어도, 괜찮지 않은 날이 있어도 잠시 쉬었다가 다시 하고 싶은 이야기를 하고 싶다. 비난받고 상처 받는 게 아무렇지 않아서가 아니라, 그것만이 나에게 부끄럽지 않게 살아가는 유일한 방법이기 때문이다.

정상연애라는 환상

현대 사회에서 연애를 할 때는 몇 가지 암묵적인 규칙 같은 것들이 있다. 일단 아침에 일어나면 서로에게 굿모닝 톡을 보내야 한다. 대화가 끊이지 않게 카톡을 보내야 하고, 적어도 주 1회는 만나도록 노력해야 한다. 만나서는 어느 정도 분위기 있는 식당과 카페에 가야 하고 서로에게 돈이 아깝지 않다는 것을 표현하기 위해 데이트 비용도 적극적으로 부담해야 한다.

이런 연애 규칙들은 유치하지만 효과적이다. 상대방이 규칙을 따르는 한 상대방에게 사랑받고 있다는 걸 확신할 수 있기 때문이다. 나 역시 어렵지 않은 방법으로 상대를 신경 쓰고 있음을 쉽게 보여줄 수 있다. 더군다나 옆을 둘러보면 다들 이런 식으로 연애를 하고 있다. 나 역시 남들과 비슷하게 '정상연애'를 하고 있다는 생각은 안심이 된다. '정상연애' 규칙 안에서 우리의 사랑은 공고하다.

그러나 만나는 시간이 길어지면 이런 규칙을 따르는 게 어려워지는 날이 생긴다. 예쁘게 보이고, 멋있게 보여야 하는데 항상 그렇게 보이는 것도 피곤한 일이다. 너에게만은 돈이 아깝지 않다는 것을 보여주어야 하는데 주머니에 돈이 없다. 그리고 그럴 때면 상대방이 고집하는 그 레스토랑에 가는 비용이 아까울 때도 있다. 일이 잘 안 풀려 속상할 때, 혹은 이유 없이 우울할 땐 내색을 하기도 안 하기도 뭐해 연락하기가 어렵다.

그렇게 한 번, 두 번 우리 사이에 공고하던 암묵적인 룰들이 깨지기 시작하면 어느 한쪽은 불안해지기 시작한다. '뭔가 이상이 있는 게 아닌가? 우리 사이에 문제가 있는 걸까? 일이 힘든 게 아니라 그냥 내가 싫어진 게 아닌가?' 생각이 많아지고 불안해진다. 몇 번 참다가 상대방에게 이에 대해 얘기하면 상대방은 그런 게 아니라며 나를 안심시킨다. 하지만 같은 상황은 몇 번이나 다시 반복되기 마련이고 같은 불만을 털어놓는 쪽도, 반복해서 듣는 쪽도 서로 지쳐간다.

굳이 꼽자면 나는 이 중에서 불안해지는 쪽이다. 상대가 조금만 지루해하는 기색을 보여도 안색을 살피고, 연락이 늦어지면 발을 동동 구른다. 조금만 다투어도 '우리는 이대로 헤어지는 걸까?' 그리고 더 나아가 '나는 버려지는 걸까?' 처럼 생각이 극단적으로 치닫는다. 그래서 상황이 변할수록 더욱 상대의 말 한마디, 행동 하나에 매달리고 집착하게 된다. 아무 의미 없는 그 말과 행동 하나하나에 무슨 뜻이 담겨 있을까를 진지하게 해석하면서 말이다. 그것은 내가 만든 지옥이었다.

조금은 이 연애 규칙에서 자유로워지기 시작한 건 나 역시 이런 규칙들을 따르고 싶지 않을 때는 따르지 않아도 된다는 걸 안 후부터다. 절대적으로 지켜야만 한다고 믿었던 연애 규칙들을 상대가 더 이상 지키지 않을 때, 그에게 화를 내기보다는 나 역시 똑같이 해보았다. 연락을 하고 싶지 않을 땐 하지 않았다. 돈이 아까울 땐 아까워하고, 무기력할 땐 무기력한 티를 냈다.

내가 이렇게 행동하면 상대방이 화내거나 실망하지 않을까 걱정했는데, 놀랍게도 상대는 아무렇지 않았다. 내가 생각했던 좋은 연인의 규칙은 온전히 내가 만들어낸 상상 속 판타지일 뿐이었다. 그런 규칙을 지키느라 무리하지 않아도 좋아할 사람들은 여전히 나를 좋아했다. 사실 내가 노력하고 있다고 생각했던 상당 부분이 상대에게는 불필요한 경우도 많아서, 상대에게 잘하고 있다는 내 생각은 나만의 생각이기도 했다는 걸 깨닫기도 했다.

'아, 꼭 그렇게 행동하는 것만이 사랑의 표현은 아니구나'를 경험으로 알게 되면 법이라 여겼던 연애 규칙의 공고함이 무너져내린다. 드라마의 배우들처럼 정해진 대사, 정해진 행동을 해야 하는 게 아니라는 것을 알게 되면 비로소 상대의 행동에도, 그리고 나의 행동에도 더 많은 자유를 허락할 수 있다. 그렇게 내가 생각하는 이상적인 연애, 이상적인 연인에 대한 틀을 내려놓고 나서야 상대방이 어떤 사람인지를 바라볼 여유가 생겼다. 지금껏 오지선다형의 객관식 문제를 풀고 있다고 믿었는데, 순식간에 서술형의 자유로운 답안지가 생긴 기분이었다.

서술형 답안지에서는 꼭 정답을 고르지 않아도 되었다. 쓰고 싶지 않을 땐 쓰지 않아도, 또다시 마음이 내킬 땐 장문의 글을 작성해도 되었다. 어쩌면 지금껏 우리는 연애를 시작했으니 항상 '사랑해야만 한다'고, '좋아해야만 한다'고 스스로를 가두었던 게 아닐까?

하지만 연애를 한다고 해서 항상 마음에 불꽃이 활활 타오르는 것은 아니다.《자존감 수업》의 저자 윤홍균 정신과 의사는 세바시 강연에서 불타는 사랑이 지속되지 않는 이유는 '지나친 사랑이 건강에 해롭기 때문'이라고 이야기한다. 우리가 사랑에 빠질 때 뇌에는 도파민이라는 물질이 분비된다. 그런데 너무 오랫동안 흥분되고, 두근거리면 생활에 지장이 가고 건강에 좋지 않기에 우리 몸은 가바라는 억제성 물질을 분비해 안정을 추구한다.

도파민과 가바, 도파민과 가바가 반복적으로 찾아오며 흥분과 권태를 경험하는 게 우리의 사랑이다. 때문에 그는 연인에게 권태기가 찾아오는 건 자연스러운 일이라고 이야기한다. 결국 중요한 건 사랑이 식지 않을 상대를 찾는 게 아니라, 뜨거웠다 식었다를 반복하는 과정 속에서 서로에게 너무 큰 상처를 남기지 않는 거라고 말한다.

어떤 날은 그가 좀 귀찮을 수도 있다. 오늘따라 하는 얘기가 지루할 수도 있고, 어쩐지 나만 더 좋아하는 것 같아 억울하고 분한 마음이 들 수도 있다. 그것은 상대방도 마찬가지다. 좋아하는 마음 역시 오르락내리락하는 내 기분처럼 오르락내리락하는 게 자연스럽다는 걸 받아들이면, 하루하루 변화하는 상대방의 감정에도 그만큼 자유를 줄 수 있다.

관계에 옳고 그름은 없고, 우리는 사랑해야만 하는 기계가 아니다. 정상연애라는 환상에서 벗어나 나와 상대에게 사랑하지 않을 자유를 주자. 그럴 때 상대의 작은 친절에도 진심으로 고마움을 느끼게 된다.

한 공기의 사랑, 아낌의 인문학

할머니 댁에 가서 밥을 먹었던 기억이 있는가? 할머니는 나를 사랑하는 마음에 자꾸 더 먹으라고, 이것저것 음식을 권한다. 하지만 이미 배가 부른 나는 자꾸 더 먹으라는 할머니의 권유가 버겁다. 분명 나를 위하는 마음에서 나온 권유이지만, 결국 나를 괴롭게 만든다. 철학자 강신주 씨는 저서 《한 공기의 사랑, 아낌의 인문학》에서 사랑하는 사람에게 필요한 건 두 공기, 세 공기가 아닌 딱 '한 공기의 사랑'이라고 이야기한다. 스스로는 사랑이라고 믿을지라도 과도한 두 공기, 세 공기의 애정은 타인에게 고통이 될 수 있다는 것이다. 지금 내가 사랑이라 믿는 노력은 정말 사랑일까?

배경색의 힘

✤

그림을 그리고 나서 알게 된 것은 마무리 단계에서 배경에 어떤 작업을 하는지에 따라 분위기가 완전히 달라진다는 점이다. 만화를 보면 희망, 기쁨, 사랑의 순간을 표현할 때는 인물뿐만 아니라 그 배경 역시 화려하다. 핑크핑크한 배경색을 쓰고 하트도 만발한다. 그 상황에서는 상대방에게 바보라고 욕을 해도 로맨틱한 분위기가 만들어진다. 반대로 어둡고 칙칙한 배경색을 깔아놓으면 아무리 희망차고 긍정적인 대사를 써놓아도 어쩐지 억지스럽게 느껴진다.

나는 이를 '배경색 효과'라고 이름 붙였는데, 이 배경색 효과는 놀랍게도 현실에서도 똑같이 작동한다. '나는 사랑받고 있어, 우리는 잘 맞아'라고 전제하고 있다면 이해할 수 없는 상대방의 실수에도 좀 더 너그러워진다. 핑크핑크한 배경색 위에 있기 때문이다. 평소에 인정받고 있다고 생각한다면 상사의 부정적인 피드백도 담백하게 받아들일 수 있다. 따뜻한 노란 배경색 위에 있기 때문이다.

반면 '나는 사랑받지 못한다, 우리 관계는 위태롭다'라고 생각하고 있으면 아무리 상대방이 잘해주어도 어쩐지 의심스러운 마음이 든다. 그다지 관계가 좋지 못한 동료가 칭찬을 건네면 '비꼬는 건가?'라고 생각이 많아진다. 칙칙한 배경색 위에 있기 때문이다.

배경색 효과를 인정하고 나면 매 순간 내가 느끼는 감정들이 정말 타당한 것인지 한 걸음 거리를 두고 바라보게 된다. 당장 올라오는 분노와 슬픔이 상대방의 행동과 말에서만 기인한 것이 아닌란 걸 인정할 수밖에 없기 때문이다.

사실 연락이 좀 안 된다고 해서 연인이 나를 크게 해친 것은 아니다. 그럼에도 불구하고 그런 작은 행동 하나가 서운한 이유는 그것이 암시하는 것이 무엇인지 생각하기 때문이다. '이렇게 행동하다니 나에 대한 마음이 변한 것이다, 나를 더 이상 좋아하지 않는 것이다'라고 생각하며 칙칙한 배경색을 준비하고, 스스로를 불행한 주인공으로 만든다. 반대로 같은 상황에서도 '바쁜가 보네' 하고 가볍게 생각하는 사람은 따뜻한 배경색의 힘으로 그날의 일상을 무리 없이 살아간다.

　일을 하다가 오해가 생기거나, 잘 안 풀리는 일이 생길 때도 마찬가지다. 동료가 내 편이라 믿고, 기본적으로 내 작업에 애정이 있다는 걸 알고 있으면 갈등도 쉽게 풀어갈 수 있다. 엄청나게 화사한 배경색은 되지 못할지라도, 컷 전체를 흑백으로 만들 일은 없다. 하지만 '원래부터 나를 싫어했던 것 같다', '같이 일하기 싫은 거 아니냐' 하고 의심하기 시작하면 간단한 문제도 어려워진다. 순식간에 먹구름이 깔리고, 번개라도 내려칠 것 같다.

　너무 쉽게 어두운 배경색을 깔아버리는 습관은 어디에도 도움이 되지 않는다. 상대방이 어떤 말을 하고 어떤 행동을 하는지, 혹은 나에게 무슨 일이 일어났는지 같은 사건은 바꿀 수 없지만 그에 깔리는 배경은 나의 선택이다. 매일매일 부정적인 사건만 일어난다면 눈앞에 닥친 일을 탓하기보다 내 배경은 왜 늘 어둑어둑한지 질문해보아야 하는 것 아닐까?

　요즘의 나는 내가 어떤 배경색 위에 올라가 있는지 주의 깊게 살펴본다. 그리고 이왕이면 핑크핑크한 배경색을 깔아두려고 노력한다. 핑크핑크한 배경 위에선 친구도, 연인도 조금 더 다정하게 느껴진다. 혹자는 '그냥 너만의 정신 승리 아니야?' 하고 평가할 수도 있지만, 정신승리면 어때? 그것이 나의 드라마를 더 즐겁게 만들어줄 수 있다면 나는 언제나 햇살과 꽃, 별과 달을 잔뜩 배경에 흩뿌릴 것이다.

틴더 데이트

지금의 남자친구는 틴더라는 소개팅 앱에서 만나게 되었다. 틴더는 소셜 디스커버리 애플리케이션이라는 그럴싸한 설명을 갖고 있지만, 간단히 말하면 이성 혹은 동성 간의 만남을 주선해주는 일종의 소개팅 앱이다. 간단한 정보를 기입하면 쉽게 가입할 수 있고, 가입 즉시 수십 명의 프로필이 쏟아진다. 그 프로필을 보며 마음에 든다면 오른쪽, 싫다면 왼쪽으로 넘길 수 있다. 그리고 상대도 나를 마음에 들어 하면 대화가 시작된다.

소개팅 앱의 장점이라면 단연코 그 효율성과 편리성에 있다. 짧은 시간에 많은 사람을 살펴볼 수 있고, 거두절미하고 당신이 궁금하다고 관심을 표현할 수 있다. 인연이 나타날 때까지 하염없이 기다리거나, 누군가 좋은 사람을 소개시켜 주기를 기다릴 필요도 없다. 앱을 켜고 손가락을 움직이기만 하면 수많은 사람이 나타났다 사라진다. 그렇게 다양한 사람들을 구경하다 보면 나와 잘 맞을 것 같은 사람 역시 한둘은 나타난다. 누군가의 추천이 아니라 나의 감각과 느낌을 믿고 선택했기에 상대방이 마음에 들 가능성 역시 커진다.

물론 단점이 없는 것은 아니다. 아무래도 전통적인 방식이 아니다 보니 상대방이 어떤 사람인지 더 조심할 필요가 있다. 상대방의 말이 전부 진실이라는 보장도 없고, 가볍게 놀 상대를 만나기 위해 앱을 찾는 사람 역시 많다. 하지만 그런 단점들에도 불구하고 점점 사람 만날 기회가 줄어드는 현대 사회에서는 자기만의 콘셉트를 갖고 있는 수많은 소개팅 앱이 시장에 쏟아지고 있다.

내가 처음 소개팅 앱이란 걸 알게 된 것은 미국에 교환학생으로 가서이다. 미국 친구들이 너무 자연스럽게 앱을 통해 새로운 사람을 만나고 연인이 되는 걸 보면서 무섭지도 않은가 생각했었다. 하지만 시작이 익숙지 않을 뿐 다른 보통의 커플들처럼 예쁘게 만남을 지속하는 걸 보고 어떻게 만났는가가 전부는 아니라는 걸 알게 되었다. 더불어 앞으로 이러한 방식의 만남이 점점 더 많아질 수밖에 없겠구나 생각하게 되었다.

내가 의구심을 가지고 있었던 것처럼 한국에서는 소개팅 앱에 대한 두려움과 편견이 여전히 공고한 것 같다. 인터넷에서는 하루가 멀다 하고 앱에서 만난 그 '쓰레기' 남자와 여자에 대한 사연이 쏟아지고, 역시 앱은 어쩔 수 없다며 혀를 찬다. 실제로 주위에는 앱에서 만나 잘 만나고 있는 친구들도 있지만, 그들 역시 밖에 나가선 지인의 소개로 만났다며 앱 만남을 숨기게 된다고 한다. 나 역시 가타부타 여러 얘기를 하고 싶지 않기에 간단히 소개팅에서 만났다고 설명할 때가 많다.

만남을 시작하는 이 새로운 수단이 여러 가지 문제점을 갖고 있는 것은 인정한다. 하지만 시대가 바뀌고 있는 만큼 우리가 갖고 있는 편견 역시 조금은 내려놓으면 어떨까? 일을 하며 만났든, 친구의 소개로 만났든, 앱으로 만났든 나는 나고, 상대방은 상대방이다. 만약 만남의 수단이 만남의 결과를 결정한다면 어쩌면 그것은 어디에서 만났느냐에 따라 다른 태도를 취하고 있는 나 자신에게 원인이 있지는 않을까.

나도 연결되고 싶어 소개팅 앱을 이용하면서 같은 방법을 이용하는 다수의 사람을 폄하할 이유도 없다. 실제로 틴더를 사용해 만났던 이런저런 사람들은 그저 일상을 살아가며 마주칠 수 있는 평범한 사람들이었다. 내가 평범한 사람 중 하나였던 것과 마찬가지로 말이다. 처음 지금의 남자친구를 만났을 때 나는 물었다. "여기서 사람들 만나보셨어요? 어땠어요?" 호기심을 갖고 물어보는 나의 질문에 그는 "사람 만나는 게 다 똑같죠"라고 대답했다. 그 대답에 나는 '아, 그렇지' 하고 작게 뒤통수를 맞은 듯했다.

어쩌면 소개팅 앱에 대한 두려움 중 일부는 '절박해 보이는 사람'이 되고 싶지 않은 것도 있을 것이다. 드라마나 영화에서 주인공들은 우연과 사건 사고를 통해 사랑이 싹트지 선을 보거나 소개팅을 하지는 않는다. 앱을 통해 매칭돼서 애인을 만나는 주인공은 더더욱 없다. 그다지 바라지 않았는데 자연스럽게 사랑이 찾아왔다는 것만큼 로맨틱한 것도 없으니까 말이다. 그런데 소개팅 앱을 이용한다는 건 '외로워요', '사랑받고 싶어요'라고 외치는 것 같으니 싫을 수밖에.

하지만 인정하기 싫어도 나는 외롭기도 하고, 사랑받고 싶기도 하다. 그리고 그게 좀 부끄러울 때도 있지만 나쁜 건 아니라고 생각한다. 결국 '외롭지 않은 사람, 사랑받고 싶지 않은 사람이 있을까?'라는 생각이 들기 때문이다. 친밀한 관계를 만들고, 사랑을 주고받는 건 삶을 풍요롭게 만들 수 있는 한 가지 방법이다. 외로워서 사람을 만나고 싶어 하면서도 그렇지 않은 척하는 것도 별로 끌리지 않는다.

　사람의 일은 알 수 없는 일이기에 지금의 관계가 어떻게 진행될지는 예측할 수 없다. 하지만 설사 지금의 남자친구와 헤어진다고 해도 그것은 그가 '앱에서 만난 쓰레기'여서가 아니라, 다른 모든 관계처럼 각자의 한계를 갖고 있어서일 것이다. 그나저나 주인공들이 앱에서 만나 사랑을 시작하는 드라마가 있다면 어떤 모습일까? 내가 한 편 써볼까?

답을 모르는 게 아니야

웹툰 <아홉수 우리들>에서는 똑같이 '우리'라는 이름을 가졌지만 서로 다른 삶을 살아가고 있는 세 명의 친구들이 나온다. 그중 김우리는 좋은 집안에서 태어나 공무원 시험을 준비하고 있다. 넉넉한 집안에서 태어났으니 얼마나 좋을까 싶지만 김우리는 잘나가는 집안의 수준을 따라가기 위해 항상 허덕인다. 가족들의 기대를 만족시키는 것이 너무 힘들어 공황장애까지 겪게 된 김우리는 결국 공무원 시험을 포기하기로 결심한다.

그러나 용기를 내어 친구들에게 어렵게 시험을 포기했다고 말하는 자리에서 친구 차우리는 다시 생각해보라며 냉정한 조언을 건넨다. 마땅한 스펙 없이 사회에 나와 무작정 부딪혀야 할 때 얼마나 힘이 드는지 차우리 본인이 가장 잘 알고 있기 때문이다. 경제적으로 넉넉한 김우리의 집과 달리 차우리의 집은 어렸을 때부터 불안정했고, 차우리는 집안의 가장 역할을 해내야 했다.

그 과정에서 독립적으로 성장할 수는 있었지만, 많은 고난도 겪어야 했기에 차우리는 김우리를 만류하고 싶었던 것이다. 집안의 지원을 받을 수 있을 때 받으라고, 독하게 마음먹고 다시 한번 도전해보라고 조언을 건넨다. 하지만 친구의 상황과 어려움을 잘 이해하지 못하고 건넨 차우리의 조언은 아무리 진심이었을지라도 김우리에게 상처만 주고 말았다.

이 에피소드가 남일 같지 않았다. 나 역시 섣부른 조언을 하다가 친구를 쓸쓸하게 만든 적이 있기 때문이다. 열심히 해결책을 설명한 나에게 친구는 '좋은 생각이다. 너는 참 똑똑한 것 같다'고 대답했지만 나는 친구의 목소리를 통해 내 조언이 그를 전혀 위로하지 못했다는 걸 알 수 있었다.

한때 유행했던 MBTI에 따르면 나는 INTP 유형이다. INTP 유형에 대한 설명을 읽어보면 피도 눈물도 없는 냉혈한이 따로 없다. 자신의 생각에 집착하고, 관계에서도 상대의 감정보다는 논리를 중시한다. 어느 정도 사회화를 통해 상대의 말에 귀 기울이는 것을 학습했지만 본질은 변하지 않는다. 불쑥불쑥 내 생각이 터져 나오고, 상대방이 원치 않는 조언을 할 때도 많다. 마음을 다친 상대방을 안아주기보다는 그 상황의 문제를 해결하고 싶은 충동에 시달리는 것이다.

그런데 한 번은 내가 힘들 때 친구가 나처럼 문제해결을 해주려 한 적이 있었다. 나는 힘들어 죽겠는데 친구는 자꾸 내가 취해야 할 다음 스텝에 대해 이야기했다. 나는 너무 지쳐 있었기에 당시 친구의 행동은 도움이 되지 않았다. 해결책을 찾는 것보다는 감정을 추스르는 게 우선이었기 때문이다. 나중에야 친구가 나를 위해 그런 방식을 택했다는 걸 알게 되었다. 친구는 평소 내가 문제해결을 중시하는 걸 보고 나에게도 같은 방식으로 도움을 주려 한 것이다.

그제야 알게 되었다. 상대방에게 도움이 되기 위해서는 상대가 받아들일 수 있는 타이밍에 상대가 받아들일 수 있는 방법으로 조심스럽게 조언을 건네야 한다는 것을 말이다. 내가 하고 싶어 하는 조언, 고민 없이 나오는 조언은 편하고 쉽다. 하지만 그런 조언은 때로 상대를 뒷걸음질 치게 만든다.

반대로, 상대의 입장에서 건네는 조언은 쉽지도 편하지도 않다. 오랜 시간 기다려야 할 수도 있고, 그 과정에서 답답한 마음이 들 수도 있다. 하지만 그렇게 여러 번 고민하고 생각해서 건넨 조언만이 왜곡 없이 상대에게 진심으로 전달될 수 있다. 그 뒤로 나는 친구가 고민을 털어놓을 때 한 템포 기다릴 수 있는 사람이 되었다. 역시 사람은 직접 당해봐야 안다.

과거의 나는 왜 그리 조언을 하지 못해 안달이었을까. 그것은 상대가 겪고 있는 문제들을 내가 더 견디지 못했기 때문은 아니었을까? 조급한 조언은 상대를 위한 게 아니라 나의 답답함 때문이다. 빚이 있는 상황, 관계가 꼬이는 상황, 자신감이 없는 상황, 인정받지 못하는 상황 등 상대가 마주한 현실은 그것을 듣는 나에게도 불안감을 자아냈다. 상대가 마주한 상황을 나 역시 받아들일 수 없고, 인정할 수 없어서 빨리 그것을 해결하고 싶었던 것이다.

하지만 생각해보면 답을 몰라서 헤매는 사람은 많지 않다. 단지 그 답을 실행할 용기를 내기까지 시간이 필요할 뿐이다. 힘들어하고 있는 친구에게 충분히 그 문제를 소화해낼 시간을 주지 못하고, 급하게 상황을 해결하려는 건 별 도움이 되지 않는다. 결국 문제는 당장 해결책을 실행하지 못하는 상대가 아니라 이를 기다리지 못하는 나 자신의 마음이다.

좋은 친구가 되고 싶다. 기쁠 때뿐만 아니라 슬플 때도 이야기를 나눌 수 있는 친구가 되고 싶다. 그러기 위해서는 내 생각만 늘어놓는 꼰대 같은 태도는 버리고 친구의 슬픔에 함께 슬퍼하고, 좌절에 같이 좌절해야겠다. 그것이 내가 슬프고 좌절할 때 친구에게 가장 바라는 일이기 때문이다.

겨우, 서른

❀

취업 준비를 하고 있는 친구와 통화를 했다. 취업 지원 사이트
에는 각 회사를 지원한 지원자들의 숫자가 20대 몇 명, 30대 몇
명 등으로 표시되는데, '내년이면 나도 30대에 표시되겠구나'
하는 생각이 들었다고 한다. 그녀의 말에 나도 '꺄-' 하고 소리
를 질렀다. 아무리 나이는 숫자에 불과하다고 하지만, 나이의
앞자리가 바뀔 때는 왠지 모르게 싱숭생숭한 마음이 들기 마련
이다. 나는 변한 것 없는 어제의 그대로인데 갑자기 더 많은 것
을 가지고, 이뤄야 할 것 같은 압박이 든다.

　이런 마음이 들 때는 내가 교육하는 라이프 플래닝을 떠
올린다. 경제 상담이나 교육을 할 때는 라이프 플래닝 그래프

를 그린다. 가로축의 맨 좌측에 나와 가족들의 현재 나이를 적고 우측으로는 나이를 한 살씩 더하여 35년 후의 나이까지 쭉 작성한다. 현재 나이가 29세라면 우측의 한 칸, 한 칸에 30, 31, 32를 나열해 35년 뒤인 64세까지 적는 것이다. 가로축을 작성했으면 세로축에는 500만 원 단위로 금액 칸을 나눠 각각의 나이에 예상되는 지출액과 수입액을 표시한다.

장기적인 관점에서 나의 수입과 지출의 균형을 살펴보자는 의미에서 진행되는 교육이지만, 이 그래프 실습의 백미는 단연코 처음에 나와 가족들의 나이를 쭉 적어보는 단계이다. 아무 생각 없이 나이를 적어보기 시작한 사람도 나이를 한 살씩 더하며 서른다섯 개의 숫자를 적고 있으면 생각이 많아진다. 단지 숫자를 적을 뿐인데, 실제로 내가 나이를 먹는 것처럼 시간의 흐름이 느껴진다. 칸을 하나씩 채워 마지막 35년 뒤의 나이를 기입하고 나면 자동적으로 한숨이 훅 나온다. 그리고 정말 한 차례 인생을 살아낸 것 같은 기분이 든다.

나와 가족들의 나이를 다 적으면 부모님의 환갑, 칠순, 팔순이 언제인지를 표시한다. 그리고 이십, 삼십대 교육생이라고 하더라도 35년의 시간을 기록하면 본인의 환갑이 나오므로, 자신의 환갑에도 표시를 해본다. 얼마 전, 경제 상담을 진행하며 삼십 대의 내담자와 같이 그래프 그리기를 했는데, "나의 환갑에도 표시해볼까요?"라는 말을 하고 우리 둘 다 '픽-' 하고 웃어버렸다. 아직 이십, 삼십 대인 우리에게 '나의 환갑'이라는 말이 너무나 어색하고 생경했기 때문이다. 그렇구나, 우리에게도 환갑이 오는구나. 누구나 나이를 먹고, 늙고, 죽는다는 무감각한 사실이 잠깐이나마 생생해진다.

이렇게 장기적으로 삶을 바라보는 경험은 현재 나의 시간을 보다 객관적으로 바라보게 한다. 친구들과 만나면 벌써 몇 살이라며 호들갑을 떨곤 하지만, 인생 전체를 놓고 보았을 때는 너무나 젊디젊다는 생각이 들기 때문이다. 꼭 객관적인 나이가 중요한 것은 아니다. 이미 이십, 삼십 대를 지나온 중년일지라도 그래프상으로 미래의 35년을 적고 있자면 무수한 나날이 남았다는 걸 느끼게 된다. 삶의 어느 순간을 지나고 있든 백세 시대라는 지금, 내가 하고 싶은 '그것'을 하기엔 충분한 시간이 있다.

얼마 전 본 중국 드라마 <겨우, 서른>은 서른을 앞둔 구자, 만니, 중샤오친의 삶을 그린다(스포일러 주의). 구자는 성공한 사업가 남편, 귀여운 아들과 함께 완벽한 삶을 살아간다. 하지만 치열하게 유지한 완벽한 일상은 남편의 실수로 한순간에 무너져버린다. 시골에서 상경해 명품 매장에서 근무하고 있는 만니는 서른 전에 도시에서 성공하거나 결혼하지 못하면 고향으로 돌아오라는 부모님의 압박을 받는다. 하지만 결국 성공도 결혼도 아닌 제3의 길을 택하기 위해 중국을 떠난다. 지금껏 남들의 말만 따라 취업과 결혼을 선택한 중샤오친은 남들이 좋다는 대로의 삶을 살아왔지만 지루한 일상에 괴로워하다 비로소 서른이 되어서야 자신의 선택에 대해 의문을 품게 된다.

이들과 함께 울고 웃다 보면, 역시 어떤 나이가 되든 '완성형의 삶'은 없다는 생각이 든다. 나이에 쫓기고, 계속 무언가를 이루어가는 친구들을 보면 조바심이 드는 것도 당연하다. 구자와 만니, 중샤오친도 서로의 삶을 보며 자신이 가지지 못한 것을 가진 친구를 부러워한다. 만니는 일찍 결혼해 배우자와 살아가는 중샤오친과 구자를 부러워한다. 중샤오친은 일이든, 육아든 중심을 잡고 척척 해내는 만니와 구자를 부러워한다. 드라마에 나타나진 않았지만 일도 육아도 척척 해내던 구자는 어쩌면 주위 친구들을 보며 내심 우월감을 느꼈을지도 모른다.

하지만 완벽하다고 느꼈던 성취나 성과는 쉽사리 무너지고, 또 절망하는 가운데 새로운 길이 펼쳐지기도 한다. 중샤오친은 갈등이 있던 배우자와 이혼과 재결합을 거치며 성숙해진다. 남편과의 혼란스러운 관계를 소화하며 쓴 글은 인기를 얻어 책으로 출판된다. 만니는 고향으로 돌아가며 쌓아왔던 커리어를 모두 잃지만, 다시 일어서는 과정에서 자신에게 큰 잠재력이 있음을 발견하게 된다. 구자는 이혼으로 모든 걸 잃지만, 그간 골칫덩이였던 개인 사업이 마지막 순간에 그녀에게 힘이 되어준다. 과연 어느 한 시점에 누가 누구보다 앞서나가고 있다고 평가할 수 있을까? 그리고 그 평가는 시간이 지나도 의미 있는 평가일까?

구자, 만니, 중샤오친은 그들이 이십 대에 꿈꾸었던 서른을 맞이하지 못했다. 그것은 꽤 실망스러운 일이었고, 그들이 할 수 있는 것은 별로 없었다. 대신에 그들은 한 친구가 무너질 때마다 그에게 가서 곁을 지켜주었다. 그렇게 무너졌던 친구가 다시 일어나 또 다른 친구가 좌절할 때 힘이 되어줄 수 있었다. 결국 중요한 건 몇 살까지 이상적인 삶의 모습을 구축하는 것, 남들보다 빠르게 목표에 도착하는 것이 아닌 끝임없이 이루어지고 허물어지는 인생의 롤러코스터를 함께 완주하는 것이다. 즐거울 때는 깔깔 웃고 무서울 때는 꽥꽥 소리를 지르며 옆 사람의 손을 꽉 잡아보자. 그러다 보면 시간이 얼마나 지났는지 따위는 생각할 겨를이 없을지도 모른다.

관계의 정원

어릴 때 보던 애니메이션 〈포켓몬스터〉에는 주인공과 악당이 분명했다. 지우와 피카츄는 착한 편, 항상 정해진 시간에 나타나는 로켓단은 나쁜 편이었다. 착한 편과 나쁜 편이 명확히 나누어져 있는 이야기는 평면적이지만 쉽다. 누구를 믿어야 할지, 믿지 말아야 할지 고민할 필요도 없다. 그저 순수한 마음으로 주인공을 응원하면 되고, 악당은 쉽게 비난하면 된다.

하지만 최근의 영화나 드라마를 보면 더 이상 착한 편과 나쁜 편이 분명히 나누어지지 않는다. 주인공에게도 숨기고 싶은 부끄러운 과거가 있고, 악당에게도 그 나름의 사연이 있다. 누군가를 쉽게 응원하고 비난하기 어렵다. 그리고 그런 캐릭터들을 보면, 선과 악을 동시에 갖고 있는 나를 돌아보게 된다.

이렇듯 사람은 천사와 악마로 나누어지지 않으며, 다양한 모습들을 가지고 있다는 걸 머리로는 잘 알지만 일상으로 돌아오면 판단이 달라진다. 나는 항상 무고하고 정당한 사람이며, 타인은 좋은 사람 혹은 나쁜 사람으로 빠르게 분류한다. 그게 제일 에너지 소모가 적고 쉬운 방법이니까 말이다. 그래서 친구든 연인이든 동료든 내 편이라고 생각하면 관계의 스위치를 ON 했고, 아니다 싶으면 OFF로 꺼버렸다. 불필요한 관계에는 관심조차 없었고, 중요한 관계에는 목매달았다.

하지만 이상한 일이 일어났다. 혼자서 너무 힘들어하던 시기에 OFF였던 사람이 큰 도움을 주기도 하고, ON이었던 사람이 나를 배신하기도 했다. 이게 무슨 일이지? 쉽게 사람을 분류하고 그 판단이 영원할 거라고 믿었던 스위치 시스템은 효과적이지 않았다. 어쩌면 관계란 ON/OFF로 껐다 켤 수 있는 스위치가 아니라, 관심을 준 만큼 자라나는 식물 같은 게 아닐까?

서로를 알게 된 순간, 우리에게는 관계의 씨앗이 뿌려진다. 그리고 작은 인사를 주고받고, 관심을 나눌 때마다 우리의 관계에 물을 주고 빛을 비추게 되는 것이다. 어느 한쪽은 태양이 되고, 어느 한쪽은 비가 된다. 물만으로 식물이 살 수 없고, 빛만으로도 살 수 없듯이 관계의 식물 역시 양쪽의 적절한 관심이 필요하다. 그냥 지나칠 수 있었던 궁금증과 작은 호의들이 쌓이고 쌓여 관계의 식물을 키운다. 급한 마음에 한꺼번에 양분을 준다고 식물이 자라지 않고, 한때 무성했던 식물도 일정 기간 물을 주지 않으면 시들어버린다.

관계의 정원에 항상 화려한 장미와 꼿꼿한 해바라기, 세련된 튤립만 필요한 건 아니다. 누가 보아도 눈에 띄고 예쁜 꽃들은 유독 마음이 잘 맞는 사람과의 관계와 같다. 같이 있으면 웃음이 나고 조금만 말을 꺼내도 무슨 마음인지를 이해해준다. 잘 맞는 사람과의 관계는 너무나 즐거워서 한때 나는 내 정원에 이런 화려한 꽃들만 있어야 한다고 믿었다.

하지만 자취를 시작하고 전적으로 혼자인 시간이 늘어나자 친구라는 이름에 걸었던 까다로운 기준들이 의미 없을 때도 있다는 것을 알게 되었다. 하루에 말 한마디 하지 못하는 날들, 점점 더 웃을 일이 없는 나, 2인 이상 시켜야 하는 음식을 먹고 싶어도 먹지 못하는 날들이 생겼다. 수준 높지 않은 대화라도 좋으니 말을 하고 싶었다. 누구라도 좋으니 나와 이 양 많은 치킨을 같이 먹어주길 바랐다.

그때부터 다른 사람과 어울리기 위해 반드시 많은 조건을 충족해야 하는 건 아니라는 것을 알게 되었다. 모든 게 잘 맞는 사람이라면 좋겠지만, 때로 인간은 그저 자신의 온기를 나눌 수 있는 사람만으로 충분할 때도 있기 마련이다. 정원의 모든 꽃이 눈에 띄는 꽃일 필요가 없다는 것, 코스모스나 안개꽃 혹은 이름 모르는 풀들처럼 크게 눈에 띄지 않아도 은은하게 마음을 채워주는 관계도 의미가 있다는 걸 알게 되었다.

각각의 식물들이 제각기 시기에 따라 피고 지는 것처럼 사람과의 관계도 고정되어 있지 않다. 나의 상황에 따라, 그의 상황에 따라 우리의 관계는 만개했다가 시들어간다. 세상 가까운 친구가 어쩐지 만나고 싶지 않을 때가 있고, 잘 알지 못하는 사람이지만 왠지 마음을 터놓고 싶을 때도 있다. 그리고 우리가 얼마나 다른지에 상관없이 그저 힘든 시기에 곁에 있어주고, 함께 차를 마셔주고, 밥을 먹어주는 것만으로 감사할 때도 있다. 다양한 관계를 인정하니 여러 사람과의 관계를 쉽게 단정 짓지 않을 수 있었고, 서로에게 도움을 주며 오래 인연을 이어갈 수 있었다.

언제부턴가 인간관계에서 과감히 '손절'을 권하는 글이 자주 보인다. 서점의 심리학 코너에서도, 스쳐 지나가는 SNS의 한 글귀에서도 나를 힘들게 하는 사람은 단호히 정리할 것을 권유한다. 아마 이런 글이 많이 보이는 것은 그만큼 관계 때문에 힘들어하고 상처받은 사람이 많다는 뜻일 것이다. 당연히 몸과 마음에 큰 상처를 남기는 폭력적인 관계라면, 어떤 수단과 방법을 쓰든 자신을 지켜야 한다. 하지만 그렇다고 해서 진정한 친구라면 아무런 불편함이 없어야 한다거나, 관계에 힘든 부분이 생길 때마다 관계를 정리하는 게 상책이라고 생각하지는 않는다.

우리 삶에 소중한 존재일수록 쉽게 단정 짓지 말아야 한다. '이 사람은 나와 맞아, 안 맞아' 하고 평가하는 걸 잠시 미뤄보고 시기에 따라 한 발짝 가까이, 또 한 발짝 멀리 거리를 유지하며 함께 웃을 수 있는 시간을 기다려보면 어떨까? 과도한 욕심으로 한 번에 양분을 줘버리거나, 상대에 대한 실망으로 내 안의 모든 애정을 접어버리지 않는다면 어느새 우리에게는 풍성한 관계의 정원이 꾸려져 있을 것이다. 정원을 일구는 일이 아무리 힘들지라도 나는 이 정원에 계속 물을 주고, 빛을 비추는 노력을 포기하고 싶지 않다.

이제는 우리가 헤어져야 할 시간

"더 열심히 놀아야 해!"

나이를 먹을수록 '잘 노는 게 남는 것이다'라는 교훈(?)을 얻은 나와 친구들은 꼭 한 달에 한 번은 만나려고 노력한다. 작정하고 모임 이름을 정하고, 만남의 주기를 정하니 들쭉날쭉했던 만남의 주기가 일정해졌다. 연초에 함께하고 싶은 것들의 목록을 만들고, 미리미리 예약을 해두니 친구들과 훨씬 다양한 추억을 쌓을 수 있었다.

얼마 전에는 함께 모은 돈으로 파주 여행을 갔다. 한적한 헤이리 마을을 걸으며 한 달에 한 번씩 꼬박꼬박 본 지도 2년이 되었다고, 이렇게 만나는 게 참 좋다는 이야기를 나누었다. 바쁜 현대 사회에서 시간과 마음을 내어 함께하는 게 힘들다는 것을 우리 모두 알고 있기 때문이었다. 그러다 문득 '이게 계속될 수 없으면 어떡하지?' 하는 걱정이 들었다.

결혼, 출산, 이직, 독립 등 우리 앞에는 예측할 수 없는 일들이 많았다. 이런 일들을 겪으며 서로 삶의 패턴이 달라진다면 그때도 우리는 웃으며 만날 수 있을까? 그런 염려를 꺼내자 친구들 역시 그럴 수 있다고, 언젠가는 지금처럼 만나는 게 쉽지 않아지는 순간이 올 거라고 쓸쓸하게 이야기했다. 예전이었다면 '우리는 다를 거야', '그렇게 되지 않기 위해 노력하자'라고 말했을 텐데, 이제는 담담히 '끝이 올 거라고', '그렇기 때문에 지금의 시간이 더욱 소중하다'고 이야기한다.

끝이라는 단어는 언제나 아쉬움을 자아낸다. 특히 어렸을 때는 끝을 받아들이기 더 어려웠다. 초등학생 때 참여한 캠프가 끝나고 몇 주 동안 혼자 캠프 친구들을 그리워했던 게 기억난다. 물론 캠프 직후에는 다른 친구들도 서로를 그리워했지만, 점점 더 시간이 지나자 그들은 일상으로 돌아갔고 나 혼자 남아서 그들을 그리워하게 되었다. 마지막까지 남아 있는 사람이 되는 건 좀 쓸쓸하구나. 어린 나는 생각했다. 그 후로는 적당히 아쉬워하고, 적당히 그리워하기를 부단히 노력했던 것 같다.

끝을 연습한 보람이 있는지 이십 대가 되자 나도 쿨하게 '안녕'을 말할 수 있게 되었다. 끝을 염두에 두고 만남을 시작했고, 애초에 가까워질 생각 따위는 크게 하지 않았다. 그렇게 사람을 만나니 헤어질 때도 아쉽지 않았다. 하지만 어쩐지 그렇게 만나고 헤어진 사람들은 시간이 조금만 지나도 전혀 기억이 나지 않았다. 마치 원래 아예 만난 적이 없었던 것처럼 머릿속에서 휘발되어 사라져버렸다. 이렇게 관계를 맺는 게 의미가 있을까? 멋있게만 보였던 쿨한 만남, 쿨한 이별은 재미 없었다.

오늘의 나와 친구들은 더 이상 끝이 없는 것처럼, 우리의 만남이 영원할 것처럼 기대하지 않는다. 그렇다고 쿨한 이별을 위해 지금의 관계가 아무것도 아닌 것처럼 대하지도 않는다. 끝이 있을 것을 알기에, 지금 더 많은 것을 함께하고 많은 추억을 남기려고 노력한다.

관계가 끝난 후에도 가까운 이들과 쌓았던 추억들은 내게 남아 조금 다른 나를 만든다. 좋든 싫든 함께했던 기억들이 몸과 마음에 남아 나도 모르게 툭툭 튀어나온다. 새로운 말버릇이 생기고, 유치한 장난을 치게 된다. 더 많은 음악을 알게 되고, 매운 음식에 익숙해지기도 한다. 지금의 내가 혼자의 힘으로 만들어지지 않은 것처럼, 미래의 나 역시 지금 내게 영향을 준 사람들의 결과물이다. 나의 조각이 다른 이들에게, 또 그들의 조각이 나에게 남아 새로운 우리를 만든다면 정말 우리는 끝난 것일까?

사실 지금도 끝은 너무나 무서워서, 이별을 생각하면 마음이 절로 서늘해진다. 죽음이 싫어 불로장생의 약을 구했다는 진시황제처럼 피할 수 있다면 내 생에 모든 무리수를 써서라도 이별을 피하고 싶다. 그렇지만 아무리 부정하고 외면해도 끝을 피할 수 없다면, 서로에게 남겨질 한 조각을 생각하며 버텨야겠지.

오늘도 우리는 모두 끝을 향해 달려가고 가까운 친구나 연인, 가족들과도 언젠가는 이별을 한다. 관계가 끝나도 서로의 조각이 서로에게 남아 있다고 생각하면 부정하고 싶은 이별이 조금은 견딜 만하다. 끝이 있기에 지금이 더 특별한 거라는 삶의 아이러니를 담담히 받아들일 날이 올까? 아직 그럴 수 없는 나는 이후에도 서로에게 남을 것들을 위해 눈앞에 있는 사람들을 더욱 세게 끌어안는다.

어떻게 살아야 잘사는 걸거가?

세상은 종종 나에게 질문을 던지는 듯하다.

성공한 사람이 되는 것, 돈을 잘 버는 사람이 되는 것 등

그 질문에 대한 모범답안도 얼추 존재한다.

하지만 성공과 돈이 주는 이득이면 정말 충분한가?

내 마음이 온전히 채워지기 위해선

그 이상이 필요하다고 나는 생각했다.

5부

이득보다는 의미에 기댈게요

이득은 몸을, 의미는 마음을 채운다

월 천만 원이 기본인 세상

모 경제 유튜버는 '누구나 월 1,000만 원을 벌 수 있다'를 모토로 부자가 되는 다양한 방법을 소개하고 있다. 그 역시 평범한 직장인에서 사업가로 변신하며 한 달에 1,000만 원 이상을 훌쩍 버는 중산층이 되었다. 하지만 그는 여전히 유튜브 채널과 책을 통해 자신은 아직 부자가 아니며, 계속해서 부자가 되기 위해 노력할 것이라고 이야기한다.

누구나 1,000만 원 이상은 벌 수 있다는 희망적인 메시지와 더불어 실생활에서 포기하지 않을 수 있도록 안내해주는 팁들을 보다 보면 저절로 마음이 벅차오른다. 역시 나도 할 수 있다고, 다시 한번 스스로를 믿어보고 싶다. 하지만 '정말 누구나 월 1,000만 원씩 벌 수 있나?' 하는 의문이 불쑥불쑥 고개를 쳐들기도 한다.

경제 상담을 할 때도 비슷한 분위기를 느낀 적이 있는데 바로 '월 500 강박'이다. 많은 남성이 '무릇 한 집안의 가장이라면 집에 500만 원 정도는 갖다줄 수 있어야 한다'는 생각을 갖고 있는 것 같다. 생활비로만 200만 원, 300만 원은 우습게 지출되고 거기에 내출상환, 저축 같은 것도 좀 하려면 한 달에 500만 원은 있어야 할 것 같기 때문이다.

하지만 월 500만 원, 1,000만 원이라는 수입에 얼마나 마음 깊이 동의하는지와 상관없이 이번 달 내 통장에 꽂히는 수입은 제멋대로이다. 500만 원은 고사하고 갑작스럽게 터진 코로나19로 실직하거나, 일을 지속할수록 부채만 늘기도 한다. 월 1,000만 원이 기본인 세상에서 그 기본을 다하지 못하다고 느껴지는 나는 쉽게 실패자처럼 느껴진다.

철학자 알랭 드 보통은 《불안》에서 현대인이 불안한 이유로 우리가 가진 수많은 가능성을 꼽는다. 18세기까지 서구 사회에서 유지되었던 계급사회에서는 계층 간 경계가 분명했기 때문에 한 사람이 살면서 이룰 수 있는 것의 한계가 명확했다. 아무리 노력해도 가질 수 없는 것, 이룰 수 없는 것이 태어날 때부터 명확했기에 당시 사람들은 성공한 사람을 보아도 자신과 비교하지 않을 수 있었다. 당시의 가난은 불운일 뿐이었다.

하지만 시대가 바뀌고 선명하게 사람들을 나누던 계급의 선은 흐릿해졌다. 현대 사회에서 우리는 노력과 능력에 따라 성공한다고 믿는다. 그렇기에 누구나 성공할 수 있는 사회에서 성공하지 못한 사람은 불운한 사람이 아니라 게으른 사람이다. 사실 현대 사회에서도 평범한 사람이 중산층, 상류층에 진입하는 것은 여전히 어려운 일이지만, 그 현실은 직면하기 어렵다.

결국 가난한 사람이나 실패한 사람은 무능해서, 게을러서 실패한 것이라 여겨진다. 불운은 불운일 뿐 손가락질의 대상이 아니지만 무능과 게으름은 다르다. 무능과 게으름은 쉽게 평가의 대상이 되어 다른 사람뿐만 아니라 자기 자신도 스스로를 깎아내린다. 이 달리기의 끝은 어디일까? 우리는 이 달리기의 끝에서 웃을 수 있을까?

상담을 하며 월 수입이 500만 원, 1,000만 원을 상회하는 분들을 만날 때도 있지만 아이러니하게도 그 내담자들 역시 고민은 같다. '돈이 부족하다'는 것이다. 그럴 리가 없을 것 같은데, 함께 수입과 지출을 살펴보면 나 역시 '돈이 부족하다'는 그들의 고민에 공감하게 된다. 많이 벌면 많이 버는 대로 더 많은 것을 꿈꾼다. 더 좋은 집에 살고 싶고 더 좋은 것을 먹고 싶어진다.

아이에게는 더 좋은 것을 해주고 싶고 더 특별한 곳으로 여행도 가고 싶다. 소득이 높으니 저축도 더 많이 해놓아야 함은 물론이다. 그리고 이 모든 것을 충족시키려면 소득이 부족하다. 나는 돈을 더 벌게 하는 능력이 없으므로, 그들과 마주 앉아 우리 앞에 놓인 수많은 필요 중 어떤 것을 우선적으로 선택할지 의논한다.

영화 <헝거 게임>에서는 대통령이 캐피톨을 제외한 나머지 지역들을 착취하고 독재한다. 그 과정에서 각 지역의 사람들을 무작위로 뽑아 서로 싸우게 하는 헝거 게임을 개최하는데, 헝거 게임에서는 오직 우승자만이 살아남을 수 있다. 스노우 대통령은 일방적으로 사람들을 사살하는 대신 헝거 게임을 진행하는 이유에 대해 적절한 희망을 주기 위해서라고 이야기한다. 적절한 희망은 사람들을 관리하고 움직이는 데 효율적이라고 말이다.

내 안의 희망은 나를 더 행복하게 만드는가, 아니면 우울하게 만드는가? 꿈과 희망을 가지는 것도, 목표를 가지고 달리는 것도 다 좋은 일이다. 다만 그 목표에 도달할 때까지 '미완'의 스스로를 받아들이는 연습 또한 필요하지 않을까? 발전하고 나아지는 노력도 좋지만, 이상만 쳐다보며 오늘의 나를 질식시키고 싶진 않다. 삶의 불안정성을 받아들이고 지금 할 수 있는 일을 찾아보는 것, 그리고 월 1,000만 원은 못 벌지만 오늘도 수고한 나를 알아주는 것도 재테크 공부만큼 필수적인 경제적 기술이다.

앞으로도 목표에 도달하지 못한 하루하루는 무수할 것이고, 삶의 불안정성은 항상 존재할 것이다. 이상적인 나에 도달해야 삶을 긍정할 수 있다면, 영영 내 삶에 동그라미를 그리지 못할지도 모른다. 미래에는 어떻게 먹고사는 게 좋을지 고민하고, 내게 주어진 선택지 중 가장 좋은 것이 무엇일지 종종거리는 하루하루는 자연스러운 삶의 모습이다. 모든 게 마음에 안 드는 날, 그냥 돈이나 많았으면 하고 푸념하게 되는 날이 있다. 그런 날일수록 평범한 오늘, 그다지 특별하지 않은 지금의 현실에 커다란 동그라미를 그려주자.

일시 정지

2019년 연말만 해도 작은 공간에 북적북적 모여 송년회를 했었다. 우리는 동그랗게 둘러앉아 그해의 성취와 내년의 계획을 이야기했다. 그때의 우리는 2020년에 무슨 일이 생길지도 모르고 참 해맑았었다. 대망의 2020년이 밝았고 생전 듣지도 보지도 못한 코로나19가 우리의 일상을 잠식했다. 당연하다고 생각했던 것들이 더 이상 당연하지 않았고, 모든 생활이 일시 정지되었다. 매일 아침 확진자 수를 확인하고 마스크를 챙기는 일이 익숙해졌다.

나의 일상도 그 전과는 많이 달라졌다. 사회적 거리 두기가 전면적으로 시행되면서 집에 있는 시간이 크게 늘었다. 강연이

나 상담이 취소되는 경우도 부지기수다. 안 그래도 혼자 있는 시간이 많았는데 코로나19로 인해 혼자 있는 시간이 더욱더 늘어나니 괜히 생각이 많아졌다. 나는 지금까지 어떻게 살아왔는지, 이런 삶의 방식은 괜찮은 것인지, 그리고 앞으로는 어떻게 살아야 할지까지 고민이 꼬리에 꼬리를 물고 이어졌다.

다행히 아직까지 코로나19에 걸리지는 않았지만, 앞으로는 어떻게 될지 알 수 없다. 전 세계적으로 퍼진 이 전염병은 잊고 있던, 아니 외면해왔던 삶과 죽음에 대한 진실을 코앞에 들이민다. '너는 죽는다는 것, 그것도 매우 가까운 시일 내에 죽을 수도 있다는 것'을 말이다. 철학자들은 삶을 잘 살아가기 위해서는 항상 죽음이 얼마 남지 않았다는 것을 기억해야 한다고 말한다. 이제 우리는 좋든 싫든 매일 아침마다 오늘은 몇 명이 병에 걸렸는가, 또 몇 명이 사망했는가를 확인하며 그 조언을 실천하게 되었다.

극단적인 상황으로 모든 게 일시 정지되자, 지금껏 얼마나 정신없이 살아왔는지 비로소 보이기 시작했다. 빽빽한 캘린더에 점점 빈틈이 생기고, 가만히 있을 수 있는 시간이 생기고 나자 지금까지의 생활이 얼마나 쉼 없었는지, 그래서 나도 모르게 조금씩 지치고 있었는지를 알게 되었다. 정작 힘이 들 때는 힘들다는 것을 알아챌 여유도 없는 거구나. 새삼 깨닫게 되었다.

인디언들은 말을 타고 달릴 때 걸음이 느린 영혼을 기다려 주기 위해 이따금 멈추어 뒤를 돌아보았다고 한다. 코로나19는 빠르게 달려나가던 일상이란 기차를 강제적으로 멈추고 어떻게 여기까지 왔는지, 이 방향이 맞는지 돌아볼 기회를 준 게 아닐까? 바이러스로 인해 가족과 생업을 잃은 사람들의 슬픔을 떠올리면 바이러스를 원망할 수밖에 없지만, 또다시 오늘을 살아내고 내일로 나아가려면 눈앞에 닥친 이 재난을 어떻게든 소화해내야 한다.

일상은 생각보다 훨씬 더 천천히 흘러갈 수 있었다. 바쁘게 종종거리지 않으면 잘못 살고 있는 것처럼 느꼈었는데, 막상 어쩔 수 없이 속도를 늦추니 아무 일도 일어나지 않았다. 모임과 활동들이 어려워지니 정말 우선순위가 높은 것들에 집중하게 되었다. 극단적인 재난이 눈앞에 존재하니 거절할 때도, 거절당할 때도 가볍다. 꼭 필요하지 않은 모임과 활동들은 생략했고, 살아남은 몇몇은 더욱 소중해졌다. 강의를 하러 가서도 참여자들의 참여도가 높아진 것을 느낀다. 정말 강의를 듣고 싶은 분들만 오셨기 때문이다.

당연하게 여겼던 모든 것이 당연한 게 아니었다는 걸 깨달은 시간. 앞으로의 세상이 어떻게 될지 한 치 앞도 알 수 없지만, 하루하루의 일상이 한층 더 소중해졌다는 것만은 확실하다. 극단적인 상황에서는 정말 중요한 것만 남는다. 나에게 포기할 수 없는 그것은 무엇일까? 달라진 환경과 그로 인한 슬픔을 인정하고 나니, 새로운 세상에서도 우리는 좋은 것들을 만들어낼 수 있다는 희망도 조금씩 피어오른다.

안을 들여다볼 때

코로나19로 집에 있으면서 가장 많이 하게 된 건 명상이다. 밖으로 나갈 수 없으니 안으로 들어간 것이다. 그 어떤 준비물도 없이 내 몸과 조용한 공간만 있으면 할 수 있는 명상은 이 시국에 할 수 있는 최고의 취미생활이다. 나는 대학생 때 처음 명상을 접했는데, 종교가 불교인 대학을 다녔기 때문에 졸업을 하기 위해서는 필수로 명상수업을 들어야 했다.

스님들의 지도에 따라 눈을 감고 길을 걷기도 하고, 이상한 동물 체조를 따라 하기도 했다. 한창 고민이 많을 때는 스님과 티타임을 가지며 소소한 걱정을 나누기도 했다. 가만히 앉아 한 점을 하염없이 바라보는 명상을 하다 보면 시간이 멈춘 것만 같았다. 이런 걸 왜 들어야 하느냐고, 하기 싫다고 불평하던 친구들도 종종 있었지만 나는 어쩐지 그 모든 것이 재미있게 느껴졌다. 하지만 독특했던 명상 체험도 학교를 졸업하고 나서는 끝이었다. 평범한 현대인에 걸맞게 멀티태스킹과 ADHD(성인 주의력 결핍 과잉행동장애) 사이 그 어디쯤을 헤매며 살았다.

명상을 다시 배운 것은 '왈이의 마음단련장'을 만나고 나서부터이다. 줄곧 명상을 지속하고 싶었지만 근처의 명상원들은 조금만 들여다보면 종교단체인 곳이 많았다. 종교색 없는 명상학원, 또래의 명상 친구들이 있는 곳이 간절하던 때 '왈이의 마음단련장'을 알게 되었다. '왈이의 마음단련장'은 마음도 몸처럼 운동이 필요하다는 모토 아래 밀레니얼 세대에 맞는 가벼운 명상인 '멍상'을 가르친다. 이 마음단련장의 마스코트는 귀여운 강아지 왈이다. '왈이의 마음단련장'에서 명상은 어렵고 거창한 것이 아니다. 단지 햇살 좋은 날, 강아지가 창밖을 보고 멍을 때리는 것처럼 가만히 생각을 비우는 게 '멍상'의 시작이다.

혼자는 자신이 없어 친구들과 함께 '왈이의 마음단련장'에 갔다. 이태원 소월길 끝자락에 위치한 왈이네에 가면 생전 잠들 일 없는 휴대전화를 오랜만에 끄고, 푹신푹신한 방석에 앉아 차를 마신다. 아직 시작도 안 했는데, 집중할 준비를 한 것만으로 시끄럽게 마음을 괴롭히던 생각들이 숨을 죽인다. 모두가 조용조용 걷고, 조용조용 말하는 이 공간에 큰 창 너머로 따뜻한 햇살이 쏟아지면 이곳이 한국이 맞는지, 나는 어디 외딴 섬에 온 사람처럼 마음이 몽롱해지곤 했다.

명상에는 각자 다양한 목적과 방법이 있겠지만 내가 생각하는 명상의 궁극적인 목적은 지금 이 순간에 존재하는 것이다. '지금 이 순간에 존재하지 않을 수도 있나?' 싶지만, 항상 과거와 미래에 대한 생각으로 머릿속이 가득한 나는 무언가를 할 때 온전히 그 순간에 자리하는 적이 별로 없었다. 반쯤은 눈앞에 주어진 일을 하면서도, 반쯤은 머릿속에서 생각들을 헤집으며 나만의 세상 속에 사는 것이다.

하지만 그 나만의 세상이라는 것은 대부분 과도한 걱정과 스트레스로 점철되어 있어 그다지 유익하지 않다. 이런저런 생각에 짓눌려 내가 잃어버린 시간들은 얼마나 될까? 온전히 지금 이 순간에 존재한 시간만을 계산한다면 나는 이 세상을 얼마나 살아본 것일까?

머릿속 세상에서 나오기 위해 '왓이네'에서 가장 많이 들었던 얘기는 '들이쉬세요', '내쉬세요'이다. 호흡은, 숨은 언제나

이 순간에 존재한다. 그래서 이 순간 존재하는 들숨과 날숨에 주의를 집중하다 보면 저 멀리 잃어버렸던 내 주의를 지금 이 곳으로 가져올 수 있다. 저기 어딘가로 가 있는 내 주의만 지금 이 순간으로 가져와도 내가 끌어안고 있는 대부분의 문제가 사라졌다.

　명상을 배운 뒤로 불안이 나를 덮쳐올 때면 방구석에 앉아 숨을 쉬었다. 명상 선생님은 앞에 없지만 내가 나의 선생님이 되어 '들이쉬세요', '내쉬세요'를 떠올렸다. 잠깐의 명상이 나를 인도의 구루로 만들지는 못하지만, 그렇게 몇 번이라도 집중해 숨을 쉴 수 있다면 다시 마음을 진정시키고 하루의 주도권을 잡을 수 있었다. 세상에서 벌어지는 많은 사건 사고는 어쩌면 그 앞에서 몇 번이라도 큰 숨을 들이쉬고 내쉴 마음을 내지 못해서일지도 모른다. 숨쉬기는 우리를 본질적으로 살리는 것처럼, 우리를 지금 이 순간에 돌아오게 하는 도구가 된다.

　명상은 이제 하나의 트렌드가 되어 각종 앱이나 유튜브 등을 통해서도 쉽게 접할 수 있게 되었다. 이 시대에 명상이 이렇게 각광받는 이유는 우리 모두가 끊이지 않는 생각의 흐름들에 고통받고 있다는 증거일지 모른다. 아무리 물질이 풍요로운 세상에 살더라도 결국 문제의 해답은 간단한 곳에 있다. 중요한 건 언제, 어떻게 명상을 하는지가 아니라, 생각의 이어달리기가 이어질 때 '잠시 멈추고, 눈앞의 세계로 돌아올 수 있는가'이다. 때로는 '잠시 멈추는' 그 5분, 10분이 그날의 기분을 구한다.

가이드 명상

처음부터 혼자 눈을 감고 명상을 하려 하면, 잘되지 않는다. 명상을 시도해보고 싶은데 어떻게 시작해야 할지 모르겠다면 유튜브에 '가이드 명상'을 검색해보자. 초심자가 쉽게 따라 할 수 있게 안내해주는 가이드 명상이 많이 나와 있다. 운동에도 수없이 다양한 종류가 있는 것처럼 마음의 운동인 명상에도 수없이 다양한 종류가 있다. 이것저것 시도해보며 나에게 맞는 명상을 찾아보자.

마음의 청소 시간

명상을 시도하다 보면 '지금 뭐 하고 있지?' 하는 생각이 들 때도 있었다. 남들이 열심히 달리고 있는 와중에 나 혼자 시간 낭비를 하는 건 아닌가 조바심이 들기도 했다. 하지만 그렇게 스스로에 대해 의구심과 조바심이 들 때야말로 가장 명상이 필요한 순간이다. 자신의 판단을 믿지 못하고 자꾸 다른 목소리들에 흔들릴 때는 다른 어떤 것을 하더라도 온전히 집중할 수 없기 때문이다. 그럴 때 들썩거리는 엉덩이를 붙여놓고 스스로에게 5분만 시간을 주어도 나를 몰아붙이던 생각의 대부분이 깨끗이 사라진다.

명상은 마치 해변가에 앉아 오고 가는 파도를 바라보는 것 같다. 나는 바닷가에 가면 꼭 해변에 앉아 파도가 치는 것을 바라본다. 철썩거리는 소리를 들으며 푸르고 흰 물결의 소용돌이를 보고 있으면 시간이 가는 줄 모르겠다. 파도는 정말이지 끊임없이 온다. 지겹지도 않은지 오고 가고, 또 오고 가는 파도를 바라보면 어쩐지 마음이 잔잔해진다.

명상을 하겠다고 앉아 있으면 머릿속에서 생각의 파도가 친다. '일해야 하는데 하기 싫다'부터 '점심은 뭐 먹지'까지 무수한 생각이 떠오르고 사라진다. 때로는 '점심은 뭐 먹을까' 하는 가벼운 생각이 어린 시절 겪었던 속상했던 경험으로까지 이어져 놀라기도 한다. 명상을 한다는 건 계속해서 떠오르고 사라지는 생각의 파도를 바라보는 것이다. 어떨 때는 생각 하나에 매혹되어 파도를 쫓아가지만, 다시 정신을 차리면 내가 앉아 있던 해변가로 돌아오려고 노력한다.

그렇게 파도처럼 끊임없이 오고 가는 생각들을 바라보고 있으면 생각의 내용이 아니라 자꾸만 오고 가는 그 생각이란 것의 본질에 대해 회의하게 된다. 바닷가의 파도는 아무리 잡으려고 쫓아가도 잡을 수 없다. 반대로 아무리 피하려고 도망가도 피할 수 없다. 파도의 철썩임이 싫어서, 물결의 소용돌이가 귀찮아서 파도를 없애려 하면 지겹게 몰려드는 파도에 지치고 만다. 반대로 올 테면 와보라고 파도를 직면하면 그것들은 있으라 해도 사라져버린다는 것을 알게 된다.

생각도 마찬가지다. 바닷가에서 한 번, 한 번의 파도 물결들을 쫓아갈 필요가 없는 것처럼 하나하나의 생각들을 쫓아갈 필요가 없다. 그냥 파도처럼 왔다 가는 것이 생각이나 느낌이라고 받아들이고 나면 절대적이라 믿었던 감정과 생각에서 한 걸음 뒤로 물러날 수 있다. 어느새 '이것도 해야 한다', '저것도 필요하다'며 종종거렸던 마음이 조금씩 누그러진다.

그러고 보면 명상이란 마음의 청소 시간 같다. 오늘날 우리는 너무나 많은 정보에 둘러싸여, 끊임없이 더 발전해야 할 것과 개선해야 할 것에 사로잡힌다. 완벽하지도 않고, 완벽할 수도 없는 나의 수많은 개성과 특징은 열등감과 슬픔이 되고, 어떻게든 부정적인 감정을 피하기 위해 쉼 없이 달린다. 하지만 일단 멈추어 나를 괴롭히는 생각과 감정들을 가만히 관찰할 수 있다면 그것은 생각보다 빠르게 사라진다는 것을 배울 수 있다.

'왈이의 마음단련장' 대표 영은 씨는 고민이 있을 때면 빨간 잉크 한 방울을 떠올려보라고 얘기한다. 스포이드로 떨어뜨린 빨간 잉크 한 방울은 작은 물컵 속에서는 큰 파문을 일으키며 퍼져나가지만, 큰 바다에서는 조금의 파문도 만들어내지 못한다고 말이다. 파도가 매일 치는 것처럼 고민과 걱정거리는 매일 발생하며 마음을 어지럽힌다. 하지만 우리는 그 작은 파도가 아니라 바다였다는 걸 깨달을 때 마음을 어지럽혔던 빨간 잉크 한 방울은 흔적도 없이 사라질 것이다.

한 걸음 물러나기

생각에 빠지는 것과 명상의 차이는 '그것을 생각하는 나를 인지하고 있는가'이다. 분노가 일 때, 분노 그 자체만 생각하면 화에 사로잡히고 만다. 하지만 분노와 함께 '내가 화가 나는구나'를 인지하고 있으면 분노가 일 때도 화에 사로잡히지 않는다. 화가 난 순간에도 자신을 잃거나 넘지 말아야 할 선을 넘지 않을 수 있다. 강한 슬픔, 우울, 분노가 일 때는 한 걸음 물러서 그런 감정들을 마주하고 있는 자신을 함께 바라보자.

이 구역의 욕심쟁이

"우리는 욕심이 많은 사람일까?"

친구와 통화를 하다 이런 주제가 나온 적이 있다. 친구는
자신이 욕심이 많은 사람이라며, 더 많은 것을 욕심 내고 더 많
은 것을 갖고 싶다고 이야기했다. "나는 어떤 것 같아?"라는 질
문에 친구는 헷갈린다고 했다. 어떤 때는 세상 욕심이 없는 것
같지만, 또 어떤 때 보면 가장 많은 것을 원하고 있다고 했다.
나도 고개를 끄덕였다. 주어진 것에 만족하는 편이지만, 때로
나는 모든 것에 초월한 부처 같은 사람이 되고 싶다. 성인의 경
지를 원하고 있으니 어쩌면 내가 이 구역의 진정한 욕심쟁이다.

하지만 이런 얘기를 나누면 방 한편에 놓여 있는 부처님 그림이 나를 비웃을 것 같다. 현실에서는 부처는커녕 부처의 발끝도 못 따라가기 때문이다. 마음이 종기 그릇만 해서 나 이외의 사람을 담을 여유가 조금도 없다. 사람의 본성은 자기가 가장 가지지 못한 것을 바라는 것일까.

솔직히 말하자면 오랫동안 욕심을 버릴 수 없는 내가 싫었다. 더 갖고 싶고, 더 인정받고 싶고, 더 멋있어지고 싶은 마음은 자꾸 나를 괴롭게 만들었다. 현실의 나는 그럴 수 없었기 때문이다. 그럴 수 없는데도 자꾸 그러고 싶은 마음이 들어서 힘들었다.

하지만 오랜 시간 그런 나를 미워하고 나서야 무언가를 하고 싶고, 갖고 싶은 인간의 욕심이야말로 살아 있다는 증거라는 걸 깨닫게 되었다. 적절하게 욕심을 내려놓고 삶을 받아들이는 태도는 인생을 유연하게 만들어주는 기술이지만, 모든 걸 내려놓고 초연해지겠다는 욕심은 또 하나의 규칙이 되어 스스로를 경직시킨다. 더 좋은 사람이 되려는 마음, 심적·물적으로 여유로운 사람이 되고 싶은 마음은 누구에게나 있는 지극히 자연스러운 본능이다.

지금까지 욕심을 버리지도 못하고, 제대로 따르지도 못했던 건 욕심 자체가 좋다, 나쁘다는 이분법에 빠져 제일 중요한 건 적절한 균형이라는 걸 몰랐기 때문일지도 모른다. 모든 것을 가지겠다고 고집을 부릴 것도, 모든 것을 내려놓겠다고 만용을 부릴 것도 없다. 인간으로 태어나 한없이 연약한 몸뚱아리 하나를 가지고 예측할 수 없는 세상을 살아간다는 현실은 누구에게나 근본적인 불안을 안겨준다. 그렇기에 계속 더 가지고 싶고, 축적하고 싶은 마음을 무조건 비난할 수도 없다.

다만 그 욕심이 스스로를 괴롭게 한다면 한 스푼 덜어내면 될 일이다. 배가 고프니 배를 채우고자 하는 욕심은 지극히 건강하지만, 배가 고프니 뷔페에 놓인 모든 음식을 먹겠다는 욕심은 나를 해친다. 반대로 모든 걸 맛볼 수 없으니 아무것도 먹지 말아야겠다는 결심도 어쩐지 이상하다.

'욕심을 부리면 안 돼!' 혹은 '더 욕심을 부려 발전해야 해!' 하는 이분법에서 벗어나자 비로소 자연스럽게 나에게 적절한 선택을 내릴 수 있었다. 무조건 옳은 정답을 정해놓지 않을 때 나는 무리해서 비건이 되겠다고 선포하거나, 유지할 수 없는 적금을 들지 않았다. 반대로 무조건 편한 게 제일이라며 방치했던 외모를 단장하기도 하고, 적은 돈이라도 기부를 시작할 수 있었다.

　결국 중요한 건 세심히 나와 지금의 상황을 관찰하며 나에게 맞는 적정선을 찾아가는 것이다. 관습적으로 해오던 것들, 남들을 따라 당연하다고 생각했던 것들을 멈추고 나의 적정선을 직접 확인해보자. 사람마다 그 적정선은 다르기에 나의 적정선은 나만이 찾을 수 있다. 나의 몸과 마음, 그리고 지성은 내게 무엇이 필요한지 가장 잘 알고 있다.

억누르면 커진다

돈 관리 교육을 할 때 가장 많이 하는 말은 '아껴 쓰려고 하지 마세요'이다. 이런 이야기를 하면 잔뜩 긴장했던 수강생들의 어깨에 약간 힘이 빠지고 의아한 표정이 떠오른다. 돈 관리 교육에 왔으니 당연히 정신을 똑바로 차리고 절약하라는 이야기를 들을 것이라고 예상했기 때문이다.

하지만 초심자들이 돈 관리를 시작할 때 가장 중요한 건 얼마나 성공적으로 돈 관리를 해내는지가 아니라, '얼마나 가볍게 시작하고 오랫동안 지속하는가'이다. 무언가를 시작하는 사람이 처음부터 그것을 빼어나게 잘할 수는 없다. 원래 습관이 튀어나오기도 하고, 모든 게 다 귀찮아지기도 한다. 그렇기 때문에 이 단계에서 가장 중요한 건 삐끗했을 때 다시 시작할 수 있도록 스스로에게 자비로워지는 것이다.

더해서, 돈을 아껴 쓰라는 이야기는 별 효과가 없을 뿐만 아니라 오히려 돈을 쓰고 싶은 마음만 더 크게 만든다고 생각한다. 사람에게는 청개구리 같은 심리가 있어서 아무리 옳은 이야기라고 하더라도 자꾸 강요받으면 하기 싫어진다. 이를 심리학에서는 '심리적 역반응'이라고 하는데,《마음의 사생활》의 저자 김병수 씨는 사람은 자신의 자유가 침해받는다고 느끼면 오히려 나쁜 행동에 대한 매력이 커져서 그 행동을 하고 싶은 마음이 더 생긴다고 말한다. 무언가를 하게 만드는 가장 좋은 방법은 그것을 하지 말라고 금지하는 것이다.

그럼에도 수많은 금지사항을 만들어 스스로를 통제하려고 하는 건 비단 돈 관리뿐만이 아니다. 우리 안에는 수많은 금지사항이 난무한다. 화를 내면 안 된다, 우울하면 안 된다, 많이 먹어서는 안 된다, 돈을 많이 쓰면 안 된다 등 이런 규칙들이 있어야 올바르게 행동할 것이라고 믿는다.

하지만 그런 규칙들을 버리면 어떻게 될까? 정말 우리는 엉망진창이 되어 손 쓸 수도 없는 구제불능이 되어버릴까? 먹어도 된다고 허락하면 고도비만이 되고, 돈을 써도 된다고 허용하면 파산을 하고, 우울해도 된다고 받아들이면 우울증에 걸릴까?

나는 우리 안에 자유로워지고 싶은 본능만큼이나 질서와 절제를 지키려는 본능도 존재한다고 믿는다. 심리학자 미셸 겔펀드는 저서 《선을 지키는 사회, 선을 넘는 사회》에서 각각의 사회가 갖는 특성을 빡빡함과 느슨함으로 분류한다.

문화적으로 빡빡한 사회는 범죄가 적고 사람들이 질서정연하게 움직인다. 하지만 사회에 자유로움과 창의성이 부족하고 다양성을 포용하지 못한다는 단점이 있다. 반대로 느슨한 사회는 자유롭고 다양한 사회 구성원을 포용하지만, 범죄가 많이 일어나고 사람들이 시간 약속 등의 작은 규칙들을 잘 지키지 않는다.

어떤 국가들은 다른 국가들보다 빡빡하고, 또 어떤 국가들은 다른 국가들보다 느슨하다. 하지만 재미있는 것은 사회의 문화가 지나치게 한쪽으로 기울면 사람들은 그 반대를 지향하며 움직인다는 것이다.

2011년 이집트에서는 30년에 걸친 호스니 무바라크 대통

령의 독재정권을 해체하기 위해 전국적으로 시위가 일어났다. 마침내 18일의 시위 끝에 권위주의 정권이 무너지고 이집트는 봄을 맞이하는 듯했다.

하지만 기존 정권이 무너진 지 얼마 되지도 않아 또 다른 독재자 압둘팟타흐 시시가 권력을 잡고 절대권력을 공표하는 법령을 제정했다. 미셸은 이 이해할 수 없는 현상이 기존 정권이 무너지고 이집트 내의 무질서와 무규범이 제대로 통제되지 않았기 때문이라고 분석한다. 사회에 무질서와 무규범이 지나칠 때 사람들은 필사적으로 안보를 갈망한다. 그는 극단적인 느슨함이 대세가 되면 빡빡함에 끌리고, 극단적인 빡빡함이 대세가 되면 느슨함에 끌리는 게 인간의 자연스러운 모습이라고 이야기한다.

무조건 억누르면 터지게 되어 있다. 참으면 터지거나, 아니면 마음속에 한이 된다. 외부의 규칙들로 스스로를 몰아붙이지 않아도 자신에게는 스스로에게 가장 적절한 수준에서 멈출 수 있는 본능이 있다. 자신을 믿을 수 있을 때 이러한 규칙들을 내려놓을 수 있고, 그런 규칙들을 내려놓을 수 있을 때 내 안에 정말 그 능력이 있다는 걸 확인할 수 있다.

내가 싫어하는 사람

나는 스스로에게 무엇을 금지하고 있는지는 내가 싫어하는 사람들을 떠올려보면 쉽게 찾을 수 있다. 내 일에 간섭하는 사람, 지나치게 부정적인 사람, 허세 부리는 사람 등 내가 싫어하는 사람들은 내가 스스로에게 금지하고 있는 특징들을 갖고 있는 사람들이다. 그 사람의 무엇이 그렇게 싫은지를 떠올리면 내가 스스로에게 금지하고 있는 게 무엇인지를 알 수 있다. 그 특징들은 '정말 싫은 것인가, 내가 하고 싶었지만 할 수 없었던 것인가?' 한 번쯤 생각해볼 일이다.

거품 빼고 바라본 나

가끔 남들이 찍어준 사진을 보면 깜짝깜짝 놀란다. 보통 혼자 사진을 찍을 때는 다양한 필터가 입혀진 카메라 앱을 사용하기 때문에 반쯤은 나이고 반쯤은 내가 아닌 예쁜 사람이 나타난다. 처음에 이런 사진을 접하면 '아, 이건 너무한데?'라고 생각하지만, 반복해서 사진을 찍다 보면 익숙해진다. 그래서 가끔 남들이 찍어준 보정 없는 내 모습을 보면 화들짝 놀라게 되는 것이다. 내 모습이 이럴 리가 없다고, 평소에 찍는 내 사진이 진짜 나라고 믿고 싶다.

어쩌면 삶의 과정은 계속 필터를 씌우려는 나와 진실을 까발리려는 현실 사이의 싸움 같기도 하다. 화장을 하고, 그럴싸한 사진을 SNS에 올리고, 멋진 옷을 입으며 '내 인생이 잘 굴러가고 있다'고 믿는다. 사실은 웃을 때 좀 이상하다거나, 지금 이런 일을 왜 하고 있는지 모르겠다거나, 늙고 병들어 초라해지는 게 미치도록 두렵다는 현실의 조각들은 살포시 덮어둔다.

하지만 아무리 외면하려 해도 삶의 풍파는 계속 덮쳐와 공들여 씌워놓은 필터를 벗겨낸다. 오랫동안 함께 미래를 꿈꿨던 애인에게 차이고, 통장의 잔고는 비어가며, 이곳저곳 아프지 않은 곳이 없다. 없는 척하려 했던 수많은 고통이 드러나면서 더 이상은 필터로 감출 수 없는 지경에 이른다. 필터 없이 드러난 내 모습은 초라하고, 볼품없어 도저히 나라고 인정하고 싶지 않다.

그러나 거품은 빠지고 알맹이만 남은 나를 계속 보다 보면 그 벌거벗은 내가 형편없기만 한 건 아니라는 점도 조금씩 보이기 시작한다. 연예인처럼 화려하지 않아도 밝게 웃을 줄 안다거나, 연인에게 차이긴 했지만 그걸 소재로 멋진 글이나 그림으로 그려낼 줄 안다. 여기저기서 욕을 먹거나 몸이 아픈 사람도 나뿐만은 아니라는 점을 알게 된다. 엄청나게 대단하지도, 그렇다고 엄청나게 형편없지도 않은 나. 그저 딱 한 사람만큼의 장점과 단점을 가지고 있는 나를 인정하고 나면 마음이 편안해진다.

별로인 모습도, 어디 가서 들킬까 봐 부끄러운 모습도 나다. 자신의 어두운 모습까지 인정하고 받아들이는 사람에게는 어느 누구도 상처를 줄 수 없다. 이미 자신이 스스로에 대해 알고 그 단점조차 허락하고 있기 때문이다. 거품을 뺀 나 자신을 직면할 수 있다면 주위의 다른 사람들 역시 거품을 빼고 바라볼 수 있다. 내가 적당히 멋지고, 적당히 형편없는 것처럼 내 애인과 친구, 가족도 그렇다.

부모라고 해서 성인군자가 아니며, 평범한 장점과 단점을 가지고 있는 사람들일 뿐이다. 애인 역시 드라마나 영화 속에 나오는 본부장님이나 회장 아들이 아니며, 모든 시간과 경제적 자원을 우리의 연애를 로맨틱하게 만들기 위해 쓸 수 없다. 아무리 오래된 친구들이라도 모든 부분을 좋아할 수 없다. 그러다 보면 나만 이해하고 있다고 믿었던 그들 역시, 나에 대해 아쉬운 부분이 있을지라도 넘어가 주고 있었다는 걸 새삼 깨닫게 된다.

모두가 성인군자가 되어 남을 이해해야 한다거나, 이제부터는 남 신경 쓰지 않고 망나니로 살겠다는 이야기는 아니다.

그저 기존에 거부해왔던, 용인할 수 없었던 나의 특징들과 감정, 생각들이 거기에 있음을 인정해줄 때 환상이 아닌 현실 속 나를 바라볼 수 있다.

거울 속의 나를 바라보면 빛과 얼룩이 뒤엉켜 있는 현실의 내가 있다. 내가 가진 빛뿐만 아니라 얼룩도 받아들일 준비가 되었을 때 나는 더 이상 두려울 게 없다. 비로소 미래에 무엇이 올지 전전긍긍하지 않고 이 순간 내가 누릴 수 있는 행복을 느낄 수 있다.

Emolog(이모로그)

Emolog는 매일의 감정을 이모지로 기록할 수 있는 감정 트래커 애플리케이션이다. 앱을 다운받으면, 하루에 하나씩 그날의 기분을 표현하는 얼굴을 선택할 수 있다. 설레는 얼굴, 분노하는 얼굴, 우울하거나 뚱한 얼굴 등 다양한 옵션을 제공하기에 그날의 기분에 꼭 맞는 이모지를 선택할 수 있다. 한 달이 지나면 다양한 이모지로 가득 채워진 그 달의 기분을 한눈에 볼 수 있다. 웃었다가 울었다가, 슬펐다가 또 신이 나는 다양한 얼굴들을 한꺼번에 바라보면 기분이란 자연스럽게 내려가기도 하고 올라가기도 한다는 걸 받아들일 수 있다. Emolog는 만 원선의 유료 애플리케이션이나, 처음 다운로드 시 한 달간 무료로 사용할 수 있다.

내가 좋아지는 간단한 방법

몇 년 전, 지인이 크라우드 펀딩으로 뉴욕 여행 자금을 모은 적이 있다. 오랫동안 성소수자의 인권운동을 해온 지인은 번아웃으로 지쳐 있었다. 그리고 그 번아웃을 극복하는 방법으로 뉴욕에 가 LGBT(레즈비언(Lesbian), 게이(Gay), 양성애자(Bisexual), 트랜스젠더(Trensgender)를 조합하여 부르는 단어) 프라이드 행진에 참여하기로 마음먹었다. 아쉽게도 뉴욕 여행을 감행하기에 자금이 충분하지 않았던 지인은 주변 사람들에게 도움을 요청하기로 했다. 그래서 자신의 스토리를 정리해 크라우드 펀딩을 시작했고, 주변 사람들에게 자신의 뉴욕 여행을 지원해줄 수 있는지 도움을 요청했다.

처음 그의 크라우드 펀딩 요청을 받았을 때는 솔직히 조금 놀랐다. 여행 자금을 이런 방식으로 모을 수 있을 것이라고 생각해보지 못했기 때문이다. 논리적으로 생각해보면 내가 펀딩에 참여할 이유는 하나도 없었다. 지인과 충분히 가까운 사이도 아니었고, 이번 뉴욕 여행은 공익 활동이라기보다는 사적인 활동에 가까웠기 때문이다. 이 펀딩에 참여하는 사람이 있을까? 나는 펀딩의 성공에 회의감을 품었다.

하지만 이상하게도 시간이 지날수록 그의 도움 요청에 응하고 싶다는 마음이 꿈틀꿈틀 자라났다. 반드시 인간이 필사적으로, 죽기 직전에만 다른 사람들에게 도움을 요청할 수 있는 것일까? 자살률 1위의 국가에서 오늘도 많은 사람이 스스로 생을 마감한다. 우리는 누군가가 스스로 생을 마감하면 '힘들다고 미리 알려주었다면 좋았을 텐데' 하고 안타까워한다. 하지만 아이러니하게도 극도로 힘들어지기 전에 도움을 요청하면 '너만 힘든 게 아니다. 그 정도는 알아서 해결하라'고 비난한다.

버틸 수 있을 때까지 버티다가 탈진해서야 도움을 청하는 것보다는 가볍게 도움을 구하고, 가볍게 응하거나 거절하는 게 더 건강하지 않을까? 살아가며 지치고 힘들 때 도와달라고 가볍게 말할 수 있었으면 좋겠다. 또한 내 주위 사람들 역시 너무 혼자서 앓지 말고, 가볍게 도움을 청했으면 좋겠다. 어딘가에는 자신의 이야기를 들어주고, 선뜻 도움을 줄 사람이 있다고 믿어본 지인을 응원하고 싶었다.

　결국 나는 지인의 펀딩에 참여했고 나뿐만 아니라 적지 않은 사람들이 1만 원에서 10만 원까지 자신이 할 수 있는 선에서 그를 도왔다. 지인은 성공적으로 300만 원을 모아 뉴욕 여행을 갈 수 있었고, 무지개 깃발을 흔들며 활짝 웃고 있는 사진을 보내왔다. 신기한 일이었다. 여행을 간 건 지인이지만, 어쩐지 나도 기분이 좋아졌다. 누군가의 행복을 응원하는 경험, 나의 작은 도움도 의미가 있다는 경험은 값진 거구나. 새삼 알지 못했던 기쁨을 발견한 기분이었다.

　《오랫동안 내가 싫었습니다》는 양극성 장애 진단을 받고 우울감에 빠져 있던 오카 에리 씨가 어떻게 자기혐오의 늪에서 빠져나왔는지를 담담하게 서술한 에세이다. 그는 자기혐오에서 빠져나올 수 있었던 마지막 방법이 '다른 사람을 돕는 것'이었다고 말한다.

　행복이란 너무나 멀리 있어서 잡을 수 없을 것 같은 복잡한 개념 같지만, 실상 일상에서 행복을 얻는 방법은 아주 간단하다. 다른 사람에게 도움을 주는 것이다. 엘리베이터에서 무거운 물건을 옮기는 타인을 위해 버튼을 오래 눌러준다거나, 음식을 먹고 나오면서 사장님에게 따뜻한 인사를 한마디 덧붙이는 것도 좋다. 아주 작은 행위일지라도 인간은 다른 사람을 행복하게 만들 때, 나 자신도 행복해짐을 느낀다.

과거에는 받는 게 민폐라고 생각했기 때문에 누군가에게 도움을 요청하지도, 제대로 받지도 못했다. 누군가 무엇을 주려고 하면 마음이 불편했고, 나에게 도움을 요청하는 사람도 싫었다. 하지만 이제는 잘 받고 잘 주려고 노력한다. 누가 칭찬을 해주면 고맙다고 덥석덥석 받고, 나 역시 멋쩍어하지 않고 좋은 건 좋다고 표현한다. 내가 무언가를 주면 나 역시 풍요로워진다는 것을 깨달을 때 우리는 잘 주고 잘 받으며 살아갈 수 있다.

물론 평소 주기만 했던 사람들은 좀 억울할지도 모르겠다. 나는 항상 주기만 한다고, 나를 알아주는 사람은 없다고 화가 날 수도 있다. 하지만 내가 누군가에게 베푼 도움이 있다고 해서 꼭 그 사람이 나에게 그대로 도움을 돌려주는 것은 아닌 것 같다. 어떤 관계에서는 주고받음의 패턴이 정해져 있어 주는 사람은 주기만 하고 받는 사람은 받기만 한다. 하지만 조금 더 큰 그림에서 보면 나 역시 받기만 하는 사람이 있고, 상대 역시 주기만 하는 사람이 있다. 꼭 일대일로 주고받지 않아도, 내가 보인 애정과 도움은 나에게 다시 돌아온다.

　나는 무척이나 계산적인 사람이다. 돈을 다루는 사람이니 오죽할까. 수입과 지출을 계산하는 버릇은 일상에도 남아 있어 관계에서도, 다른 일에서도 계속 주고받음을 따지게 된다. 하지만 따지고 따질수록 내가 불행해지는 게임도 있다. 무언가를 줄 수 있다는 것은 세상으로부터 받은 게 있다는 뜻일 것이다. 내가 받은 사랑과 자원들은 혼자서 꽁꽁 모아둔다고 커지지 않는다. 받은 만큼 세상으로 다시 내보내어 순환시킬 때, 그것은 더 큰 이자가 붙어 나에게 되돌아온다.

정치 후원금 내보기

세상을 바꾸는 방법은 여러 가지가 있지만, 현대 사회에서 가장 직접적인 방법 중 하나는 정치가 아닐까? 평소 응원하는 정치인이 있다면 일 년에 한 번쯤은 정치 후원금을 내보는 것도 좋다. 정치 후원금은 연 10만 원까지는 세액공제를 받을 수 있어 부담이 없다. 중앙선거관리위원회 정치후원금센터에 가면 쉽게 원하는 단체나 개인에게 기부할 수 있다.

관계적 존재론

2020년 한 해 동안은 우리가 외면해왔던 많은 부분이 코로나 19로 드러났다. 없는 것처럼 취급하던 성매매 업소와 동성애, 상식 밖의 대형 교회와 노동력을 갈아넣는 콜센터와 물류센터까지 사회의 사각지대가 곳곳에서 드러났다. 마치 이 사람들은 존재하지도 않는 것처럼 여겨왔던 한국 사회는 이번 기회를 통해 우리가 외면해왔던 사람들을 직면하게 되었다.

사실 사회에 존재하는 약한 고리들을 모른 체해왔던 건 나도 예외가 아니다. 학창 시절에만 수십, 수백 번의 시험을 치르며 나 역시 협력하는 법보다는 경쟁하는 법을 더 빠르게 배웠다. 내 앞길은 내가 챙겨야 한다고, 여유를 부리다가는 끝장이라고 생각했다. 한정된 자원을 조금이라도 차지하기 위해 달려가면서, 다른 사람들이 어떻게 지내고 있는지 따위는 생각해본 적도 없었다.

이렇듯 '나만 잘하면 되고, 나만 잘살면 된다'는 현 시대의 개별주의 속에서 타인의 존재는 쉽게 사라진다. 아니, 사라질 뿐 아니라 쉽게 적이 된다. '우리 시대의 공정론'을 연구하는 애리조나주립대 김정희원 교수는 박탈감에는 두 가지 종류가 있다고 설명한다. 첫 번째는 우리에게 익숙한 상대적 박탈감으로, 가난한 사람이 부유한 사람을 보면서 느끼는 박탈감이다.

두 번째 박탈감은 빼앗긴 자격에 대한 박탈감으로 빈곤층이 아닌 전통적인 기득권층에서 나타난다. 과거에 노력했던 수준으로는 기존에 누렸던 부와 명예를 누릴 수 없을 때 백인, 남성 등 전통적인 기득권층의 분노는 약자에게 분출된다. 예를 들어 경제 불황으로 대졸 남성들이 예전처럼 쉽게 좋은 일자리를 구하지 못할 때 여성과 소수자 등의 약자에 대한 혐오가 강화되는 것이다. 나와 남이 철저하게 구분되어 있는 '개별주의'적 관점에서 타인은 나의 자원을 빼앗는 적일 뿐이다.

하지만 한 해 동안 코로나19는 여러 계층의 사람들을 가리지 않고 감염시키며 나만 안전해서는 어려움이 끝나지 않는다는 것을 알려주었다. 이제는 인정하고 싶지 않은 대상들, 외면하고 싶은 존재들과 연대하지 않으면 문제를 해결할 수 없다. 더 나아가, 내가 안전한 환경에 있을 수 있는 건 다른 사람들 역시 같이 노력해주었기 때문이란 것도 알게 되었다.

코로나19가 일깨워준 것은 우리가 모두 연결되어 있다는 감각 아닐까? 김정희원 교수는 지금과 같은 전 지구적 재난 상황에서는 '개별주의적 존재론'에서 '관계론적 존재론'으로 거듭나야 한다고 이야기한다. '관계론적 존재론'은 모든 인간은 동등하며, 나는 타인의 도움으로 살아 있다는 자각이다. 생계에 위협이 됨에도 정부 지침을 따라 영업을 중단하는 것, 함께 모은 세금으로 타격이 큰 계층을 지원하는 것, 개인적 이득이 없음에도 의료 현장에 자원하여 근무하는 것 등 우리는 마주한 어려움 속에서 어느 때보다 집약적으로 도움을 주고받는 경험을 목격하고 있다.

한겨레경제사회연구원과 글로벌리서치에 따르면 '우리 사회는 이번 기회에 사회 안전망 확충 등을 통해 더 나은 사회로 갈 것이다'라고 믿는 시민의 비율이 68.2%나 됐다고 한다. 바이러스가 가져온 충격은 많은 사람에게 위기가 되었지만, 우리는 이 위기를 함께 극복하며 다음 단계로 나아갈 것을 꿈꾸고 있다.

결국 나와 남을 구분하고 그로부터 우월감을 느끼는 데는 한계가 있다. 구분함으로써 생기는 만족감에는 항상 '나도 저 사람들처럼 될까 봐 두렵다'는 긴장감이 따라오기 때문이다. 외면하고 배제하고 싶은 타인의 결핍과 불운은 상황이 바뀌면 나 역시 가질 수 있는 특성이다.

'나만 아니면 된다'는 생각은 익숙하고 간편하며, 타인의 입장을 고려하는 건 낯설고 불편하다. 그럼에도 조금은 타인의 슬픔과 어려움에 곁을 내줄 수 있는 사람이 되고 싶다. 그런 사람은 드높은 성벽을 세운 사람보다 강하다. 다른 환경과 조건에서는 나 역시 그와 같을 수 있었다는 조금의 상상력이 필요한 시점이다.

플랜 B로 만드는 예술

최근 개봉한 영화 <소울>의 엔딩 크레딧이 올라갈 때, 나는 박수를 치고 싶은 마음을 꾹 참아야 했다. 언제부턴가 디즈니는 애니메이션을 통한 성인교육을 마음먹은 것 같다. 몇 년 전 개봉한 <인사이드 아웃>에서 감독이 주목한 것은 감정이었다. 피트 닥터 감독은 우리 안의 감정들을 '기쁨이', '슬픔이' 같은 살아 있는 존재들로 표현하며, '기쁨이'만 좋아하고 '슬픔이'는 무시하고 피하려는 우리를 돌아보게 한다. 이 작품을 통해 감독은 우리가 감정을 왜 가지고 있고, 감정이 어떤 역할을 하는지 안을 들여다보았다고 한다.

반면, 최근 개봉한 영화 <소울>은 잔뜩 좁혔던 '줌 인' 버튼을 '줌 아웃' 하며 바깥을 바라본다. 영화 <소울>에서 주인공 '조'는 재즈 피아니스트라는 꿈을 이루기 직전 맨홀에 빠져 죽는다. 꿈을 이루지 못한 '조'의 영혼은 쉽게 죽음에 순응할 수 없었다. 한을 품은 '조'의 영혼은 필사적으로 죽음을 거부하며, 다시 삶으로 돌아가기 위해 '지구'와 '태어나기 전 세상', '죽음 후의 세상'을 배회한다(스포일러 주의).

우여곡절을 겪고 지구에 돌아온 '조'는 성공적으로 무대에 서고, 그토록 꿈꾸던 '재즈 피아니스트'가 된다. 하지만 정말 만족스러웠던 첫 번째 연주를 끝내고 이해할 수 없는 공허감에 빠져든다. 멋진 재즈 피아니스트가 되는 것만이 자신의 목표이고 삶의 의미라고 생각했는데, 막상 그 꿈을 이루고 나니 그다음은 무엇인지 허탈해져버린 것이다. 이상이 현실이 되고 꿈이 특별하지 않은 일상이 되었을 때, 우리는 비로소 목표를 이루는 게 삶의 의미가 맞았는지 되돌아보게 된다.

아무리 반짝이던 쇼라도 연주는 끝나고, 모든 인간은 죽는다. 잘난 인생이든, 못난 인생이든 삶의 러닝 타임은 정해져 있어 그 시간이 지나면 내가 얼마나 애를 써서 살아왔든, 얼마나 많은 것을 이루었든 모든 것을 반납해야 한다. 이 어처구니없는 결말에도 불구하고 왜 우리는 연주를 계속하고, 삶을 이어가야 하는 걸까? 그 부질없음에도 불구하고 우리의 영혼이 지구에 태어나는 이유는 무엇일까?

결국 '조'는 대단한 꿈을 갖고, 그것을 이루는 것이 영혼의 목적은 아니었음을 깨닫는다. 그리고 걷고, 내리쬐는 햇살을 바라보고, 비슷비슷한 하루 업무를 처리하는 아무것도 아닌 순간들을 경험하는 것 자체가 인생이었음을 깨닫는다. 모든 게 없어져버리고, 의미 없어질 삶을 사는 이유는 그저 자신의 평범한 하루하루를 목격하고, 나만의 해석을 내리기 위함이다.

별 볼 일 없는 그림도 그것에 어떤 해석을 붙이느냐에 따라 가치가 달라지고, 애매모호한 영화도 감독의 해석을 읽어보면 '깊은 뜻이 있었구나' 하고 고개를 끄덕거리게 된다. 우리가 삶을 살아가며 겪는 순간들도 대부분은 그저 그런 경험들의 연속이지만, 그것들 역시 나만의 해석으로 엮어낸다면 가치 있는 이야기가 되지 않을까? 내 마음대로 되는 것은 많지 않지만, 그 순간순간들을 자신의 눈으로 목격하고 해석해내는 것이 인생의 유일한 목표일지 모른다.

피트 닥터 감독이 '조'의 직업을 재즈 피아니스트로 정한데에는 이유가 있다. 재즈는 연주를 하다 실수를 하더라도 그

실수가 난 음을 이용해 새로운 멜로디를 만들어낸다. 예측하지 못한 음이 나오고, 그것으로 또 예측하지 못한 아름다운 멜로디를 만들어내는 게 재즈라는 즉흥 연주의 매력이다.

우리의 하루하루도 매번 내가 꿈꾸고, 계획했던 대로 흘러가지만은 않는다. 오래 준비하던 시험에서 떨어지고, 직장에서 해고되고, 연인과는 헤어지는 원치 않는 상황이 이어진다. 그래도 우리는 그 자리에서 모든 걸 포기하지 않는다. 계획대로 흘러가지 않았을지라도 그 상황에서 최선의 플랜 B를 선택해 다음을 만들어낸다.

플랜 B로 이루어진 예측하지 못한 인생이 오늘 하루도 이어진다. 재즈 연주자들이 실수에 즉흥적으로 대응하며 예술을 만들어내는 것처럼, 우리 역시 그 플랜 B들로 괜찮은 인생을 만들어내기 위해 어설프게 건반을 뚱땅거린다. 그렇게 어설픈 연주도 계속하다 보면 삶의 엔딩 크레딧이 올라갈 때 스스로에게 박수를 보낼 수 있지 않을까?

연약함을 인정할 때
단단해진다

막 스무 살이 되었을 때, 한 대외활동에 참여하며 처음으로 이십 대 언니, 오빠들을 만났다. 처음 미성년자를 탈출해 만난 이십 대 중·후반의 언니와 오빠들은 한마디로 있어 보였다. 어디로 가야 홍대입구역과 합정역이 나오는지 잘 안다든가, 남들은 잘 모르는 루프톱 술집에 성큼성큼 들어가는 모습이 멋있었다. 나와 일곱, 여덟 살 차이가 나는 그들을 올려다보며 '어른이란 저런 것이로군'이라고 생각했다. 그리고 '조금만 지나면 나도 어른이 되겠지' 하고 아무 의심 없이 믿었다.

시간이 지나 이십 대 후반이 된 나는 서울의 지리도, 멋진 술집도 몇 개쯤은 알게 되었지만 그런 것과 어른은 아무 상관이 없었다는 걸 깨닫게 되었다. 지금의 내가 그냥 아기인 것처럼, 그때의 그들 역시 같은 아기들이었구나. 미성년을 벗어난 지 십 년이 가까워져서야 나는 어른 같은 건 사실 없는 게 아닐까 생각하게 되었다.

이제 나보다 나이가 많은 사람들을 본다고 해서 '저 사람은 엄청난 어른이겠구나'라고 여기지 않는다. 일곱 살 아이가 누구보다 진리에 가까운 말로 부모를 위로하기도 하고, 나이 든 노인 역시 자신의 마음을 알아달라고 괜한 꼬장을 부리는 게 세상이다. 물론 나이와 함께 찾아오는 능숙함과 성숙함이 있지만, 그와 별개로 모든 인간은 자신의 연약함과 서투름을 안고 살아가는 것 같다.

결국 사람은 자신의 약함과 서투름을 인정하는 어린이와 자신은 더 이상 어린이가 아니라고 착각하는 어른이 있는 게 아닐까? 어른이란 단어에 씌워진 두꺼운 환상을 벗거내고 나면, 우리는 비로소 어른인 척하며 스스로에게 지웠던 수많은 짐을 내려놓을 수 있다. 그리고 마음껏 힘들어하고, 마음껏 울다가 또 일어나 해야 할 일들을 해낼 수 있다.

어쩌면 우리는 무언가 단단한 착각을 하고 있었을지 모른다.

성공을 좇으면 성공이 오고, 강함을 좇으면 강해진다고. 원하는 게 무엇이든 목표를 정하고 그것을 좇아가면 가질 수 있다고 말이다. 하지만 모든 자기계발서 서적에 있는 성공의 뒷면에는 항상 수많은 실패가 있었다. 반짝거리는 부러운 관계 뒤엔 수없이 많은 대화와 갈등이, 타인을 위로하고 긍정의 힘을 불어넣는 마음의 이면에는 같은 어려움을 겪어본 슬픔이 있었다.

그래서 나는 '독립'을 고민하는 우리들에게 현명하게 '의지'하는 방법에 대해 고민해보자고 제안하고 싶었다. 실패를 다루는 경험이 성공이 되고, 갈등을 다루는 경험이 좋은 관계가 되는 것처럼 '현명하게 의지하는 경험이 우리를 독립적으로 만들어주지 않을까' 하고 말이다. 의지의 대상은 가족일 수도, 문제의 해결 방법을 알려주는 책일 수도, 얼굴도 모르는 인터넷 너머의 이방인일 수도 있다. 독립적인 사람은 모든 게 갖춰진 사람이 아니라 자신이 무엇이 필요한지를 아는 사람, 그리고 이를 적극적으로 구할 수 있는 사람임을 깨달았을 때 나는 비로소 자유로워졌다.

지금의 상황이 꽉 막혀 있는 것처럼 느껴져 두렵다면, 꽉 쥐고 있는 주먹의 힘을 풀고 기댈 곳을 찾아보기 바란다. 힘들다고, 잘 모르겠다고 소리라도 질러보기를 권한다. 그러면 생각보다 도와주는 사람이 많다는 것, 해볼 수 있는 일이 아직 남았다는 것을 알게 된다. 자신의 부족한 점을 드러낼 수 있는 용기를 가진다면, 삶에 막다른 길은 없다. 세상은 언제나 내가 내디딜 수 있는 다음 스텝을 알려준다. 다만, 우리가 지금껏 묻지 않았을 뿐이다.

봄 노래가 흘러나오는 어느 카페에서

진예지

독립은 잘 의지하는 거예요

초판 1쇄 발행 2021년 5월 20일

지은이 진예지
펴낸이 이지은
펴낸곳 팜파스
기획·진행 이진아
편집 정은아
디자인 타입타이포
마케팅 김민경, 김서희
인쇄 케이피알커뮤니케이션

출판등록 2002년 12월 30일 제10-2536호
주소 서울시 마포구 어울마당로5길 18 팜파스빌딩 2층
대표전화 02-335-3681   **팩스** 02-335-3743
홈페이지 www.pampasbook.com | blog.naver.com/pampasbook
페이스북 www.facebook.com/pampasbook2018
인스타그램 www.instagram.com/pampasbook
이메일 pampas@pampasbook.com

값 15,000원
ISBN 979-11-7026-403-3 (03190)